EL ÚLTIMO BRINDIS DE DON PORFIRIO

1910: LOS FESTEJOS DEL CENTENARIO

Rafael Tovar y de Teresa

El último brindis de Don Porfirio
1910: Los festejos del Centenario

taurus historia

D.R. © Rafael Tovar y de Teresa, 2010

D.R. © Santillana Ediciones Generales, S. A. de C. V., 2012
   Av. Río Mixcoac 274, Col. Acacias
   México, 03240, D. F.
   Teléfono (0155) 5420 7530
   www.editorialtaurus.com/mx

D.R. © 87 fotografías (ver Iconografía, pp. 313-314):
   Instituto Nacional de Antropología e Historia
   Córdoba núm. 45, Col. Roma, Del. Cuauhtémoc, C. P. 06700, México,
   Distrito Federal Instituto Nacional de Antropología e Historia

D.R. © 9 fotografías (ver Iconografía, pp. 313-314): Universidad Autónoma
   de Ciudad Juárez

D.R. © 4 fotografías (ver Iconografía, pp. 313-314): Genaro García Photograph
   Collection, Benson Latin American Collection, University Libraries,
   University of Texas en Austin (UTxA)
D.R. © 2 fotografías (ver Iconografía, pp. 313-314): Archivo General de la Nación

La presente obra se publica en colaboración con Fundación TV Azteca A. C.
Vereda núm. 80, col. Jardines del Pedregal
C. P. 01900, México, D. F. www.fundacionazteca.org
Las marcas registradas: Fundación TV Azteca, Proyecto 40 y
Círculo Editorial Azteca se utilizan bajo licencia de:
TV AZTECA S. A. DE C. V. MÉXICO, 2010

Primera edición: agosto de 2010
Quinta reimpresión: marzo de 2012   3/15

ISBN: 978-607-11-0661-2   5699 9998

D.R. © Fotografía de portada: *El presidente Porfirio Díaz, vestido de gala, con la banda presidencial tricolor en el pecho, durante los festejos de 1910.* Fotografía de Casasola, SINAFO/INAH.
D.R. © Diseño de portada: Jorge Garnica
Composición tipográfica: Fernando Ruiz
Investigación iconográfica: Luis Arturo Salmerón

Impreso en México

Índice

TERCERA PARTE
LA RESACA DEL CENTENARIO

EPÍLOGO
1921

AGRADECIMIENTOS

Este libro es resultado de un vivo interés por conocer el ocaso del gobierno de Porfirio Díaz. Mucho se ha escrito al respecto, pero poco sobre su propia figura en el momento final. Simplificando, se ha concentrado en analizarlo como un antecedente inmediato del proceso de la Revolución mexicana, lo cual me ha motivado a consultar múltiples fuentes primarias, principalmente las referidas a los actores que acompañaron a Díaz en su gobierno, así como diversos testimonios de la vida cotidiana de esos años. En particular me ha interesado la percepción pública sobre el modo en que México vivió el Centenario del inicio de la Independencia nacional. El trabajo ha sido fascinante. Este disfrute fue posible sólo con el apoyo de muchos amigos, especialistas e instituciones que me abrieron la puerta para lograrlo.

En primer lugar, Marisol Schulz y Fernando Esteves por su invitación, apoyo y entusiasmo para publicar este trabajo en la prestigiada editorial Taurus; Marcela González Durán y Mayra González Olvera, agudas y entusiastas editoras, que me dieron todas las facilidades para llegar a esta página.

Un especial reconocimiento a la Hemeroteca y Biblioteca Nacionales de la UNAM, referencias obligadas por su seriedad y profesionalismo y buen trato al curioso de sus ilimitadas riquezas bibliográficas y documentales. No quiero olvidar a Gina Rodríguez, de la Fototeca Nacional del INAH, por sugerirme la inclusión de espléndidas imágenes. A la Universidad Iberoamericana por la buena disposición para facilitarme las consultas al Archivo Porfirio Díaz, que con tanto cuidado preservan y difunden, y a los que accedí gracias a Marcela Arregui. A la Fundación CARSO, que cada día ofrece mayor interés en sus acervos dirigidos inteligentemente por su director, Manuel Ramos Medina. A Carlos y Federico Pearl, poseedores de una importante colección sobre Independencia y porfiriato, que me permitieron tener en mis manos objetos invaluables.

Agradezco la disposición de Guadalupe Gómez Collado por permitirme acceder a un archivo único y pleno de infinidad de notas periodísticas, invitaciones, imágenes y notas personales relativas a las fiestas del Centenario, recolectadas en ese mismo año por una devota asistente a esos eventos: Luz Requena de Stieg. En varios archivos familiares encontré importante información que me facilitaron mis amigos Santiago Creel Miranda, Alejandro Creel Cobián y Enrique Fernández Castelló. Inbal Miller fue la más eficaz ayuda para sistematizar la información, igual que Karla Buhler por su buen sentido en la investigación del periodo. A Alejandro Rosas y Sandra Molina por la lectura de varias partes del libro y las buenas sugerencias que me hicieron.

Por último, a Mariana, quien con gran paciencia e interés en mi trabajo sacrificó momentos familiares que me permitieron concentrarme en este texto. A Rafael y Leonora por sus observaciones siempre atinadas e inteligentes y su estímulo permanente en mi vida. Y a María y Natalia, pertenecientes a una generación que empieza a vivir este siglo, y a quienes algún día, seguramente, su curiosidad las llevará a leer este texto. Deseo que su recorrido hacia el Tricentenario de 2110 sea en un país lleno de rostros festivos y sonrientes y menos convulso que el de este Bicentenario vivido en 2010.

Rafael Tovar y de Teresa
Mayo de 2010

PREFACIO

1. El general Porfirio Díaz con uniforme militar de gala, escoltado por guardia de honor en los festejos de 1910.

Entre el inicio de la guerra de Independencia y la victoria de la Revolución mexicana ocurrieron dos hechos de una singular importancia: el Congreso de Viena de 1815 y la creación de la Sociedad de Naciones en 1919. Ambos organizaron el sistema político mundial de aquellos tiempos. Estos acontecimientos, sin duda alguna, también fueron significativos para nuestro país: el primero atizó la lucha por la independencia al restaurar a Fernando VII en el trono y reactivar las fobias liberales; por su parte, el segundo propuso un sistema que, según se creyó entonces, convertiría a las guerras en cosa del pasado. La Sociedad de Naciones fue el primer intento global de dar cabida en un espacio político común a todos los países tras el fin de la Primera Guerra Mundial.

En esa década del siglo que recién empezaba, la mayoría de las naciones que estuvieron representadas en la conmemoración del Centenario del inicio de nuestra Independencia cambiaría radicalmente sus formas de gobierno, de convivencia social, así como las perspectivas individuales de sus habitantes, quienes morirían en proporciones inimaginables a causa de las revoluciones y las guerras que provocaron el nacimiento de la Sociedad de Naciones. Algunos países también se beneficiarían con la restructuración política del mundo: la nueva redistribución económica sólo daría ganancias a unos cuantos. En este contexto se llevaron a cabo las fiestas de septiembre de 1910, el canto del cisne que, en sus contradicciones, sería el preludio del fin de un régimen que había gobernado México durante treinta años.

Porfirio Díaz, personaje protagónico del siglo XIX, a quien en ocasiones olvidamos analizar en el claroscuro de la dimensión política de aquel siglo convulso —y por ello nos conformamos con una explicación rápida y concentrada en sus últimos años—, quiso y supo —aunque fuera de manera transitoria— aprovechar la conmemoración. Se fijó objetivos muy claros: superar los conflictos internacionales que surgieron durante el siglo XIX a causa del nacimiento de México como país independiente y lograr su reconocimiento como un país digno y respetable; asimismo, quería mostrar el proceso de modernización en que se hallaba inmerso el país en los órdenes material e intelectual y, con ese motivo, inauguró obras tangibles que hubiera sido imposible construir durante el violentísimo siglo anterior; finalmente, quiso aprovechar la oportunidad que su circunstancia le brindó: celebrar a la patria por el inicio de su independencia en la que él mismo se situó como artífice de la nación para mostrar al mundo el significado de la obra de treinta años al frente del gobierno y, sobre todo, su papel personal como eslabón final de los constructores del México independiente.

Todo se cuidó: desde los detalles de las fiestas hasta el costo de cada una de las obras, y lo mismo ocurrió con la rendición de cuentas y los informes que deberían presentarse. Pero Díaz —en aquellos momentos— no quiso ver que el país ya anunciaba otro periodo de su historia: quienes lo rodeaban aún le eran leales, pero no lo eran entre sí. La avanzada edad del presidente los llevaba a cuidar de sus intereses, ambiciones y futuro, más allá de la amenaza que Díaz significaba si no lo seguían lealmente hasta el final del despeñadero que ya vislumbraban algunos de sus hombres cercanos.

Las elecciones fueron en julio, las fiestas en septiembre y la recurrente toma de posesión en diciembre. Todo en el mismo año de 1910. Como furiosos caballos, las fuerzas políticas y sociales se desbocaron en noviembre y confluyeron en una meta insospechada y de imprevisibles alcances. Lo que siete meses antes había sido una celebración ahora era el inicio de su derrumbe. Si las conmemoraciones hubieran sido su despedida, posiblemente todo habría sido distinto, pero en el *si* también cabe la posibilidad de que todo el siglo XIX hubiera sido distinto y que el coronel Díaz nunca se hubiera convertido en el general de división que gobernó México durante tres décadas.

Sí, esto sería posible si otro gallo hubiera cantado.

PRIMERA PARTE

MÉXICO 1910:
LA CEREMONIA DEL GRITO

MEXICANOS: que el mundo civilizado nos contemple en 1910, cobijados bajo el hermoso pabellón tricolor, celebrando la fundación de nuestros lares, de aquellos amados lares que ostentan el águila caudal por símbolo y escudo, y que tienen por principio y divisa: libertad, paz y trabajo.
Proclama de la Comisión Nacional

El general Porfirio Díaz cruzó la puerta del despacho presidencial precedido por dos edecanes militares con uniforme de gala, la noche era especial: 15 de septiembre de 1910. Lo seguían el jefe del Estado Mayor Presidencial y dos capitanes con chaqueta, pantalón galonado en oro y casco prusiano con crines de caballo. El general Díaz iba de frac, con la bandera nacional en banda; debajo de la solapa izquierda de su saco colgaba una pequeña cadena con la versión en miniatura de algunas de las condecoraciones que había recibido en reconocimiento por su vida militar y su labor como jefe del Ejecutivo mexicano.

2. Porfirio Díaz, vestido de gala con la banda tricolor en el pecho, preside las celebraciones de 1910.

19

Porfirio Díaz brillaba entre los cientos de invitados mexicanos y los provenientes de más de 28 países de todas las regiones del mundo; brillaba como los enormes espejos que adornaban las paredes cubiertas de damasco de seda, pero no le quitaba esplendor a la mujer que caminaba a su lado: Carmen Romero Rubio y Castelló. Doña Carmelita, como la llamaban en todo el país, era artífice del Porfirio Díaz que se mostraba esa noche. Hija del lerdista Manuel Romero Rubio, su primer ministro de Gobernación, había introducido los buenos modales y una cierta comprensión del inglés en Palacio Nacional; asimismo, había sido la eficaz y oficiosa intermediaria con la Iglesia católica, con los grupos políticos cercanos a Lerdo de Tejada y Juárez, y con las clases sociales acomodadas, lo cual había permitido robustecer la estabilidad política y económica de México como nunca antes había sido posible. Doña Carmelita, esa noche, colgaba esplendorosa del brazo derecho de Porfirio Díaz.

3. Carmen Romero Rubio de Díaz, segunda esposa del general Porfirio Díaz, hija de Manuel Romero Rubio, acompañó a su esposo durante todas las celebraciones del Centenario.

Doña Carmelita era su esposa desde hacía veintinueve años, cuando, con estas líneas, le pidió matrimonio a los diecisiete años escasos:

México, julio 23 de 1881

Carmelita;

Yo debo avisar a Ud. que la amo.

Comprendo que sin una imperdonable presunción no puedo esperar que en el ánimo de Ud. pase otro tanto y por eso no se lo pregunto, pero creo que un corazón tierno virgen y poseído de una clara inteligencia como el de Ud. puede germinar ese generoso sentimiento siempre que sea un caballero el que lo cultiva y sepa amar tan leal, sincera y absolutamente como se merece. Y yo lo hago ya de un modo casi inconsciente.

Yo deseo emprender esa obra; estaré ya en la necesidad de seguirla y si Ud. no me lo prohíbe y a ese afecto exprese su respuesta en concepto de que Ud. me dice que debo prescindir no necesita U. decirme por qué; yo siempre juzgaré poderosas sus razones e hijas de una prudente meditación y puede U. estar segura de que obedeceré su exigencia por mucho que la sienta.

Piense U. que va a resolver una cuestión de vida o muerte para su obediente servidor que espera sumiso y anticipadamente pide su perdón.

Porfirio Díaz[1]

Esa noche de septiembre, ya en su madurez, Carmelita destacaba plena con su vestido en seda clara y aplicaciones de oro que muy discretamente dejaba al descubierto el pecho adornado por un collar de perlas de varias vueltas, debajo de una gargantilla, también de perlas, y brillantes, como la diadema que portaba sobre su pelo aún castaño.

LOS PERSONAJES DEL CENTENARIO: PORFIRIO DÍAZ

En 1910, quiso y supo aprovechar el Centenario del inicio de la Independencia para mostrar al mundo el resultado de los treinta años de paz que el país había tenido bajo su mandato. Por ello, en cada una de las ceremonias y las obras públicas, resaltó el proceso modernizador, la nueva posición de México como una nación respetable en la escena internacional, el fin de las pugnas entre las diferentes facciones políticas y los conflictos internacionales que marcaron la vida de México durante el siglo XIX; pero, sobre todo, quiso mostrarse como el artífice de un México moderno y como el eslabón final de la Independencia nacional.

Faltaban uno o dos minutos para iniciar la ceremonia. El presidente Díaz, empuñando la bandera nacional, entró en el balcón central de Palacio Nacional y se colocó al centro. A su lado derecho estaba Ramón Corral, entonces vicepresidente de la República y ministro de Gobernación; detrás se encontraba Justino Fernández, ministro de Justicia, junto con varios militares. Los otros secretarios de Estado, al igual que los señores embajadores y delegados especiales para estas fiestas, llenaban los otros balcones del edificio.

Enmarcaba el balcón un dosel con sedas y terciopelos con los colores nacionales, el lugar estaba coronado por el escudo nacional con el águila de frente, brillantemente iluminada. Sobre el barandal destacaban tres franjas de seda verde, blanca y roja. Díaz, con su mano derecha movió de manera vigorosa el cordón recubierto de seda para escuchar el badajo de la campana que, unos cuantos años antes, en 1896, hizo traer de Dolores Hidalgo para colocarla en la parte central y superior del viejo palacio de los virreyes. Era la campana que hacía cien años el padre Hidalgo había ordenado tañer con toda su fuerza para llamar a todos los habitantes del pueblo, para liberar a los pre-

4. Palacio Nacional iluminado por cientos de bombillas eléctricas para las fiestas del Centenario.

sos de la cárcel y gritar las consignas libertarias que, según se presume, fueron: "¡Mueran los gachupines! ¡Muera el mal gobierno! ¡Viva Fernando VII! ¡Viva la América libre!".

Los delegados especiales miraban asombrados desde los balcones. Uno de ellos, Karl Bunz, el representante de Alemania, según narra Federico Gamboa, pudo darse cuenta de un hecho no previsto en el programa:

> [...] en la bocacalle de Plateros se produjo un arremolinamiento de gente, ruidos y tronar de cohetes y apareció enmarcado un retrato de Madero con los colores patrios y vivas a él. ¿Qué gritan?, preguntó Karl Bunz, vivas a nuestros héroes muertos y al Presidente Díaz, le dije [...] ¿Y el retrato de quién es?, del General, dije. ¿Con barbas? Sí, le mentí con aplomo, las gastó de joven y el retrato es antiguo.[2]

5. Manifestación del Partido Nacional Antirreeleccionista y del Partido Nacional Democrático, antes de las elecciones de 1910. Los manifestantes cargan pancartas con los rostros de Francisco I. Madero y Francisco Vázquez Gómez, candidatos a la presidencia y vicepresidencia, respectivamente.

Unas horas antes, el presidente Díaz había salido de su casa, ubicada en la calle de Cadena número 8, con rumbo a la Catedral Metropolitana para homenajear a los héroes de la Independencia cuyos restos estaban en la capilla de San José: Hidalgo, Allende, Aldama, Jiménez, Mina y Guerrero; Matamoros, Bravo, Quintana Roo, Leona Vicario e Iturbide, que estaba en la de San Felipe de Jesús, el primer santo nacional. Sin embargo, no todos esos hombres y mujeres, a pesar de la pluralidad histórica del régimen, serían homenajeados en la Columna de la Independencia del Paseo de la Reforma, el monumento que se inauguraría al día siguiente.[3]

LOS PERSONAJES DEL CENTENARIO: CARMEN ROMERO RUBIO DE DÍAZ

Segunda esposa de Porfirio Díaz. Se casaron en 1881 cuando ella tenía diecisiete años. Hija del lerdista Manuel Romero Rubio, fue la esposa adecuada para la ascendente carrera del general Díaz, pues en su desarrollo político fueron fundamentales su educación, sus relaciones con el poder y sus enlaces con la Iglesia católica. Al igual que en el caso de su hermana María Luisa —quien casó con José de Teresa, heredero de una de las grandes fortunas financieras y terrateniente de esos años— los Romero Rubio tuvieron buen cuidado de que Carmen tuviera un matrimonio adecuado.

La blanca luz de miles de focos colocados en la fachada principal de Palacio Nacional, y en las calles de Moneda y Corregidora, subrayaba las líneas rectas de sus balcones y elementos arquitectónicos más notables: cada una de las almenas del edificio estaba coronada por una estrella.

6. Vista de Palacio Nacional y parte de la Plaza Mayor iluminados para las fiestas del Centenario.

Las luces de otros edificios se encendieron y la exaltación de las miles de personas que llenaban la Plaza Mayor de la ciudad de México llegó al balcón central hasta encontrarse con la serenidad y la esfíngea inmutabilidad del presidente Díaz. Esos 100 000 asistentes (más de uno de ellos soñaba esa noche con ser el ganador del mayúsculo sorteo Centenario de 500 000 pesos que a la mañana siguiente se celebraría), como decía la prensa de esos días, se arremolinaban a los lados de la estación de tranvías a Mixcoac con la mirada fija en Palacio Nacional. Estaban apretujados por el espacio que ocupaban, en la misma plaza, los autos y los carruajes de los invitados de Porfirio Díaz.

Esa noche, Palacio Nacional mostraba la majestuosidad de sus dos pisos a los que, a finales de los años veinte, se añadió un tercero. Lo mismo le ocurriría al vecino Palacio Municipal donde despachaba el gobernador de la ciudad de México, Guillermo de Landa y Escandón, presidente de la Comisión Nacional de los Festejos del Centenario. Es cierto, en aquellos momentos,

7. Multitud celebrando el Centenario de la Independencia en la Plaza Mayor de la ciudad de México.

Palacio Nacional alojaba el poder absoluto del presidente Díaz, quien ya sumaba más de treinta años al frente del Ejecutivo: primero de 1876 a 1880 y, desde finales de 1884 hasta 1910, de manera ininterrumpida.

El silencio se hizo presente cuando dejó de sonar la última campanada de la Catedral que anunciaba las once de la noche. Entonces se rompió a causa de las voces azoradas por la iluminación que formó un arabesco en el sitio donde se alojaba la campana de Dolores. Mientras esto ocurría, Díaz, con voz grave, gritó: "¡Viva la Libertad! ¡Viva la Independencia! ¡Vivan los héroes de la patria! ¡Viva la República! ¡Viva el pueblo mexicano!"[4] Inmediatamente comenzó a ondear la bandera nacional.

8. Porfirio Díaz en el balcón de Palacio Nacional (adornado para las fiestas del Centenario) hace sonar la campana de la Independencia, presumiblemente durante el desfile del 16 de septiembre.

Desde la mañana del día 15 se preparó el festejo en todo el país. En la capital, en las plazuelas Carlos Pacheco, La Soledad y La Palma se presentaron acróbatas y se dieron funciones de circo. A las 15:30 se llevaron a cabo en El Toreo una corrida y un jaripeo, con toros provistos por la ganadería de Ignacio de la Torre y Mier, el yerno de Porfirio Díaz. Esta corrida era muy esperada, pues la tradicional Corrida de Covadonga, que debió celebrarse unos días antes, fue cancelada por un aguacero. Por la noche, después del grito, se realizó una serenata que duró hasta bien entrada la madrugada.

9, 10. La noche de celebración del grito de Independencia en la Plaza Mayor.

El programa de esa noche, en la Plaza Mayor y las calles cercanas, ofreció todo tipo de diversiones para los niños y los grandes que habían llegado de todo el país: cohetes nocturnos, globos aerostáticos que recorrieron el cielo de la ciudad durante todo el día, mientras que en las plazas y jardines todos se arrebataban un lugar para subir a ellos. La música de bandas de brigada, o de algunos voluntarios improvisados, marcaba el ritmo de las diversiones y las colas de gente esperaban hacer su mejor esfuerzo en los palos ensebados.

Horas antes, la gente había llegado al Zócalo por las cuatro esquinas. En todas esas calles los edificios estaban adornados con las banderas de los países invitados a la conmemoración y, en algunos casos, había arreglos florales que enmarcaban los retratos de los héroes de la Independencia, las fechas simbólicas entrelazadas —1810-1910— y las palabras que sintetizaban el *leitmotiv* del régimen porfirista: "paz, orden y progreso".

Los más chicos, con vistosos sombreros, y los grandes con su ropa de gala se abrían paso entre los vendedores de serpentinas y puestos de buñuelos que dejaban oír el aceite hirviendo que contenían los sartenes.

La sorpresa de los asistentes a la Plaza Mayor era mayúscula. *El Imparcial* comisionó a un *reporter* la tarea de describir la iluminación de la ciudad: el periodista comenzó su recorrido por la gran avenida Juárez, se detuvo frente al Teatro Nacional —ahora conocido como Palacio de Bellas Artes— que aún estaba en construcción. El edificio, según narró el *reporter*, recibía los "reflejos dorados por la iluminación de las casas de la Avenida Juárez".[5]

Después caminó hacia San Francisco, hoy Madero, la calle que describió como

[...] maravillosa de color y de luz, resplandeciente por millares, por millones de foquillos que en hilos multicolores penden de los postes con escudos y oriflamas. El pavimento, opaco, refleja la lluvia de luz que cae sobre él y en las aceras los rostros toman el color de los foquillos, más opaco, dándoles el aspecto de fantásticos rostros de máscaras chinas.[6]

Al desembocar en la Plaza de la Constitución, después de admirar el suntuoso adorno de luz de la Profesa, de la Casa Mosler, de la joyería La Perla, y de todas las casas de esa calle, el *reporter* tuvo que detenerse en su camino.

Ya en el Zócalo, se encontró con las dos torres de Catedral que boquiabierto describió a sus lectores:

[…] se alzan en el cielo profundo, están iluminadas profusamente, tanto, que todas las líneas principales de la misma, se dibujan en la obscuridad de la noche, brillantes como si fueran tubos de luz en el centro de las dos torres, la bandera nacional hecha de foquillos, parece flamear al aire, mecida por la ola de luz que reflejan las dos torres.[7]

11. Las torres de la Catedral se iluminaron la noche del 15 de septiembre, asombrando a los asistentes que prorrumpieron en aplausos y gritos de admiración ante el prodigioso espectáculo.

El *reporter* siguió avanzando hasta descubrir que la torrecilla de la cúpula también estaba iluminada… quizá era más bella que las dos torres. "Esta iluminación de foquillos azules envuelve a la torre en una atmósfera como de fósforo",[8] escribió en su crónica.

Al adentrarse unos metros hacia el centro de la plaza, entre las hojas de los árboles vio la terminal del tranvía cubierta de "gotas de oro", a causa de "los millares de focos del Palacio Nacional que resplandecen vivamente".[9] Su asombro fue mayor por la luz que se derramaba "a través de toda la larga fachada".[10] Ésos sólo eran algunos ejemplos del trabajo que tuvo a su cargo la Casa Hubbard y Bourlon: la instalación luminosa de más de cuarenta establecimientos comerciales y casas particulares que tanto asombraron a propios y extraños.

Posteriormente, el *reporter* caminó hacia la calle de la Monterilla:

> [...] las casas de comercio de este rumbo han sido las más suntuosas en su decorado y en el derroche de luz. La Gran Sedería es una ascua de oro, El Palacio de Hierro, El Puerto de Veracruz, Las Fábricas Universales... todas, todas las casas de comercio, los grandes almacenes de nuestras avenidas, las casas de Boker, El Globo, el Teatro Principal y el Colón.[11]

El entusiasmo hizo decir a la prensa que la ciudad deslumbraba "como una piedra preciosa de innumerables facetas".[12]

12. Edificios de la avenida 5 de Mayo, de la ciudad de México, decorados con alumbrado por los festejos del primer Centenario de la Independencia.

La gente transitaba por las calles y, después de concentrarse en la plaza, apretados unos contra otros, podían apreciar "los fuegos artificiales que se queman en su honor, y que lanzan al aire sus luces como piedras preciosas disueltas y encendidas".[13] En una plataforma estaban las bandas militares listas para celebrar con serenatas.

La emoción se convirtió en noticia nacional. *El Imparcial* publicó, al día siguiente, que en muchos lugares de la ciudad se escuchó el saludo y homenaje a la patria y a su presidente proferido, desde las fábricas y las locomotoras, por los silbatos de las calderas.

De entre las dos torres de la Catedral irrumpió una luz intensa que tomó la forma de una palmera que rompía la oscuridad de la bóveda celestial: se encendieron miles de puntos luminosos. La música unió a todos los grupos artísticos que ahí estaban y redoblaron los tambores de los batallones alineados. La multitud se contagiaba de emoción por la patria y su presidente. La luminosidad de los edificios y la magnificencia de las fiestas hacían ver distinto el centro de la ciudad: se había eliminado la presencia de los mendigos, muchos de los léperos que bailaron durante esos días lo hicieron bien protegidos con los zapatos que se regalaron para que no aparecieran descalzos. Muchos de los foráneos visitaban la capital por primera vez y por ese motivo se preparó una *Guía de la ciudad de México*, escrita por Luis E. Ruiz, para los que quisieran visitar la capital.

La celebración no sólo se limitó al Zócalo y a otros lugares abiertos sino también en los teatros de la capital que rebosaban de gente. Las señoras portaban prendedores patrióticos o elegantes dijes "centenario"; hebillas de cinturón, pendientes o botones con la imagen del cura Hidalgo o del águila mexicana con los colores patrios; sus esposos no se quedaron atrás: se vistieron con sus mejores galas compradas, las más elegantes, en la sección de sastrería y ropa hecha de El Palacio de Hierro, cuyo catálogo —que sólo era entregado a los clientes frecuentes— anunciaba: "Especialmente para las brillantes fiestas del Centenario, hemos fabricado nuevos modelos de nuestros trajes populares e inimitables".[14] Muchos de ellos portaban —como corolario en el ojal del saco— botones en los que aparecían las efigies de Hidalgo y Díaz.

Los adornos con motivos nacionales llenaron las fachadas y los escenarios —como fue el caso del Teatro Colón, al igual que el Rosa Fuertes, Hidalgo, María Guerrero y el Briseño— ofrecieron espectáculos especiales. En el Colón, a las once en punto, apareció María Conesa quien, después de haber pasado seis meses en Cuba, regresó a México en julio de 1910 y reapareció en los escenarios. Luis G. Urbina decía de la Conesa: "la figura no es garbosa, el semblante no es bello, la voz es desaliñada y desagradable, pero de toda la cara, de todos los movimientos de todo el cuerpo, chorrea malicia esta mujer; tiene una desenvoltura pringada de cinismo".[15]

Esas características la convertían en una figura singular y enormemente popular en México y su presencia sería indispensable en las fiestas de septiembre. Cuenta Enrique Alonso[16]

13. María Conesa, la Gatita blanca, vestida con un traje típico mexicano. Fue una de las principales figuras del espectáculo que engalanaron los festejos.

que la Conesa le platicó que unos meses antes, Porfirio Díaz informó a los teatros de categoría sobre las funciones a las que acudiría con su esposa y gabinete. Para ese día la empresa había decorado lujosamente el palco donde ellos se sentaron entonces. Para esa función, María decidió cantar una canción mexicana y ella misma confeccionó su traje de china poblana. Al verla, todos enmudecieron por su atrevimiento: en la falda tenía bordada el águila, que hasta entonces sólo podía usarse en las banderas. Ella contestó: "¿Qué no es traje de china poblana el traje nacional?" María se encaprichó y lució esa noche su castor con el águila mexicana y "cantó coplas españolas y canciones mexicanas exhibiendo a gusto su discutido traje".[17] La Conesa subió al palco al final de esa función para saludar a Díaz y le regaló a doña Carmelita el más valioso abanico de su famosa colección.

Al día siguiente le enviaron una foto dedicada por el matrimonio Díaz: "A la hermosa María Conesa". Porfirio Díaz, según la prensa, "elogió su hermosura y gracia y se retiró en medio de las exclamaciones del público".[18]

Mientras que, para la noche del 15 de septiembre, "apareció junto a Hugo Tari y Mary Bruny, quienes cantaron el Himno Nacional, lanzando loas a los héroes de la Independencia, a México y a nuestro gran Presidente".[19]

Las fiestas del Centenario no sólo se llevaron a cabo durante la noche del 15 de septiembre, sino a lo largo de todo el mes. Ellas también fueron un festejo para el presidente de la República, el general Porfirio Díaz, quien consideró justo y apropiado mostrar al mundo los avances materiales que el país alcanzó durante los treinta años de su régimen. Nada mejor que esto ocurriera el mismo día que cumplía 80 años de edad.

LOS HUÉSPEDES DEL MUNDO

Uno de los más importantes objetivos de la conmemoración del Centenario de la Independencia fue lograr la presencia del mayor número de gobiernos que en aquellos días tenían relevancia en el escenario mundial. Para Díaz, era fundamental que las otras naciones atestiguaran el progreso mexicano.

La parte internacional del programa oficial de las fiestas del Centenario fue coordinada por la Secretaría de Relaciones Exteriores y quedó bajo la responsabilidad de Federico Gamboa, el escritor naturalista y autor de *Santa*, la primera novela que de manera descarnada describe la prostitución en la ciudad de México. Gamboa, en esos momentos, ya era un experimentado diplomático, además —desde 1909— ocupaba, por designación directa de Porfirio Díaz, el cargo de subsecretario de Relaciones Exteriores.

14. Federico Gamboa, subsecretario de Relaciones Exteriores y encargado del despacho a la muerte de Ignacio Mariscal, fue el responsable directo de la invitación y recepción de las casi treinta delegaciones, representantes de las grandes monarquías y gobiernos del mundo.

LOS PERSONAJES DEL CENTENARIO:
FEDERICO GAMBOA

En 1909 fue nombrado por Porfirio Díaz subsecretario de Relaciones Exteriores y encargado del despacho a la muerte de Ignacio Mariscal hasta la llegada de Enrique C. Creel al frente de esa dependencia. Fue el responsable directo de las invitaciones, recibimiento y participación de más de treinta delegaciones, lo que permitió a México recibir por primera ocasión a los representantes de las grandes monarquías y gobiernos del mundo anterior a la Primera Guerra Mundial. Con cuidado, sensibilidad e inteligencia desarrolló un brillante programa para los visitantes en el que no se registró ningún incidente. Puso especial atención en los países con los que México había tenido conflictos en las décadas anteriores —Estados Unidos, España y Francia— para superar cualquier herida que enturbiara las relaciones internacionales.

La lista de invitados se conformó de la siguiente manera: en primer lugar se consideró la presencia del gran vecino, Estados Unidos, y de aquellos países que estaban al sur de su frontera, Guatemala, Honduras, Costa Rica, Panamá, El Salvador, Nicaragua, Colombia, Perú, Chile, Argentina, Venezuela, Ecuador y Uruguay además de llegar a Cuba y Brasil.

Asimismo, se consideró el mundo europeo, en especial las grandes monarquías: Gran Bretaña, Italia, Alemania, Rusia, Austria-Hungría, Bélgica, Portugal, Noruega y Grecia, Holanda y la República Francesa, única excepción de esta lista. España tendría un lugar especial.

La presencia de Oriente era importante para robustecer el equilibrio diplomático, por ello estuvieron presentes los representantes de Japón y China, que se convirtieron en un atractivo especial, pues en casi todas las ceremonias aparecían con sus vestimentas tradicionales de sedas brillantes y multicolores. Sin duda, Japón y China, monarquías milenarias —esta última a unos meses de dejar de serlo por la ascensión al poder de Sun Yan-Tsen como primer presidente de la República— engalanaron la solemnidad y diversidad de la conmemoración.

DESEMBARCOS Y FERROCARRILES

15. Funcionarios y embajadores de distintos países asistentes a las fiestas del Centenario.

Las invitaciones para los festejos fueron enviadas por la Secretaría de Relaciones Exteriores a cada uno de los gobiernos en abril de 1910 y estaban acompañadas con el programa oficial.[20] Se invitaba a todos los gobiernos amigos para que acompañaran a México en tan importante y resplandeciente fecha. Al poco tiempo se empezaron a recibir las respuestas y los nombres de los representantes.

En las fiestas del Centenario estarían acreditados 31 países a través de siete embajadas, veinte misiones, tres delegaciones y un comisionado especial, todos ellos con sus comitivas. Tres de los gobiernos (Suiza, Venezuela y Colombia), si bien no pudieron enviar delegados especiales, designaron a residentes en México para que los representaran. Así, con el propósito de distinguir al gobierno mexicano, la mayoría de las naciones, además del representante diplomático ya acreditado y residente en México, envió un delegado especial. En 1910, la presencia de tantos gobiernos era significativa, pues el colonialismo aún marcaba grandes regiones del planeta y el número de naciones era reducido.

Otro fue el caso de los tres participantes que, a pesar de haber confirmado su asistencia, no estuvieron presentes: Inglaterra, por la muerte del rey Eduardo VII; Santo Domingo, que no envió representante, y el representante de Nicaragua, que en esos días sufrió un golpe de Estado, tuvo que permanecer en la costa.

LOS PAÍSES Y SUS REPRESENTANTES

Los países que enviaron representantes especiales fueron los siguientes: Italia, Marqués de Bugnano; Japón, Yasuya Ushida; Estados Unidos, Curtis Guild; Alemania, Karl Bunz; China, Ying Tang; España, marqués de Polavieja; Francia, Paul Lefaivre; Honduras, Salvador Córdova; Bolivia, Santiago Arguello; Austria-Hungría, Conde Max Hadik von Futak; Cuba, general mayor Loynaz del Castillo; Costa Rica, Joaquín Bernardo Calvo; Rusia, Alexander Stalewski; Portugal, José Francisco de Orta Machado; Holanda, Jonkheer Loudon, quien ya estaba acreditado en nuestro país; Guatemala, doctor Juan Ortega; El Salvador, doctor José Antonio Rodríguez; Perú, Federico Alfonso Pezet; Panamá, Carlos Arosemena; Brasil, Antonio da Fontoura Xavier; Bélgica, George Allart; Chile, Eduardo Suárez Mújica; Argentina, Jacinto Sixto García; Noruega, Michel Lie, que también estaba previamente acreditado; Ecuador, Leopoldo Pino; Uruguay, Enrique Muñoz; la representación de Suiza, Venezuela, Colombia y Grecia fue asumida por el representante de España: el marqués de Polavieja.

La *Crónica oficial de las Fiestas del Primer Centenario de la Independencia de México* detalla la biografía de cada uno de los jefes y miembros de las delegaciones. Su lectura no muestra un peso especialmente relevante como políticos, diplomáticos o intelectuales; sin embargo, el siempre complaciente cronista Genaro García afirma que estos cargos fueron desempeñados por "hombres de saber, de prestigio militar o de probado tacto".[21] La única figura conocida en México y con fama ganada como poeta, fue la que no llegó: Rubén Darío, el representante de Nicaragua, que tuvo que quedarse en Veracruz, donde fue atendido por el gobernador Teodoro Dehesa.

16. Jacinto Sixto García, embajador de Argentina en México, junto a los miembros de la delegación argentina.

Todos llegaron con comitivas especiales integradas por diplomáticos y militares que, con sus atuendos de gala, llenaron de formalidad y color las ceremonias oficiales. Cada delegación fue acompañada por jóvenes mexicanos "de sociedad", como se decía entonces, cuyo principal atributo era el uso fluido de las lenguas extranjeras. Los únicos enviados especiales que llegaron solos fueron el representante del zar Nicolás II y el de Uruguay, cuyos dos hijos —en este último caso— fungieron como secretarios de la delegación.

17. Su excelencia, el marqués de Polavieja (sentado); el capitán González Hontoria; el teniente García de Polavieja; el comandante Barca y el secretario Espinosa de los Monteros; el capitán Moreno Elisa; el coronel Malo; y los mexicanos: teniente coronel Salamanca y el coronel Palacios (de izquierda a derecha).

El enviado español provocó una especial curiosidad. El capitán general Camilo G. de Polavieja y del Castillo Negrete, marqués de Polavieja, llegó con su hija María de los Ángeles, quien —según las crónicas y fotografías que se conservan— fue la más guapa de todas las mujeres que acompañaban a sus esposos o padres en su viaje a México. Se dijo que retrasó la salida del tren hacia la capital por los aplausos que le brindaron cientos de curiosos que querían comprobar su belleza tan española: cutis apiñonado, cabello negro e intenso, corto como era la moda en las cortes europeas de entonces, y unos ojos claros como la luz veracruzana que la había recibido. Polavieja, además de ser un reconocido militar, fue escogido por el gobierno de Alfonso XIII y porque su madre había nacido en México, un hecho que fue considerado por el gobierno de nuestro país como una atención especial.

18. María de los Ángeles, hija del marqués de Polavieja, famosa por su belleza.

LOS PERSONAJES DEL CENTENARIO:
MARQUÉS DE POLAVIEJA

Representante personal del rey de España en las conmemoraciones. Era un destacado militar e hijo de una mexicana oriunda de Guadalajara, ingredientes adecuados para la función que debía cumplir el delegado español que venía a celebrar la separación de México del imperio español. Protagonizó algunos de los momentos más significativos de los festejos: la imposición a Porfirio Díaz del Gran Collar de la Orden de Carlos III y la devolución del uniforme de Morelos. Su principal acompañante, su hija María de los Ángeles, fue considerada por muchos como la mujer más hermosa de esos días.

Por su parte, el gobierno estadounidense fue cuidadoso para escoger a su representante especial. Se designó a Curtis Guild, un experimentado político que había dejado recientemente la gubernatura de Massachusetts y a quien el presidente Taft instruyó "hacer todo lo que estuviera en su mano para dejar claro que Estados Unidos no tenía ningún interés egoísta en México, sino que estaba orgulloso de su progreso como nación independiente y tan solo tenía el deseo de cooperar como república hermana".

Con objeto de cuidar hasta el último detalle de la participación de los delegados especiales y del cuerpo diplomático, el 31 de agosto de 1910, en el *Diario Oficial*, se publicó un "Ceremonial" para reglamentar las formalidades de los actos oficiales que se llevarían a cabo. En este documento se señalaban con precisión las precedencias (del número 1, asignado al presidente de la República, al número 38, que recaía en el inspector general de policía), las jerarquías diplomáticas y sus equivalencias, la manera como se debían llevar a cabo las audiencias, las recepciones diplomáticas, las presentaciones del cuerpo diplomático, así como el modo en que se desarrollarían las relaciones con las autoridades de la República, la manera como se responderían las felicitaciones y la etiqueta que debía guardarse en las fiestas solemnes, las visitas de jefes de Estado, las honras fúnebres y las comidas en Palacio Nacional.

19. Programa de mano del Centenario de la Independencia con las efigies de Hidalgo, Juárez y Porfirio Díaz, que reforzaba la idea de que el régimen de Don Porfirio era el heredero histórico de las grandes luchas nacionales.

Una buena parte de las delegaciones que venían de Europa llegó por mar al puerto de Veracruz; al de Salina Cruz arribaron los provenientes de Centroamérica. Los que llegaron por tierra —debido a que en la mayoría de los casos desembarcaron en algún puerto estadounidense— se adentraron a nuestro país desde Nuevo Laredo. Éste fue el caso de las delegaciones de Holanda, Costa Rica, Perú y Chile. En todas las ocasiones, los representantes extranjeros fueron recibidos con honores de ordenanza y música de la banda que entonaba cada himno nacional; los que llegaron por mar fueron recibidos con salvas de honor que se dispararon en cuanto sus barcos entraron al puerto. Se cuidaron todos los detalles hasta precisar con la suficiente anterioridad si en el caso de que el delegado llegara en la noche debería quedar abierto el puerto, y saldría inmediatamente a México o permanecería en la ciudad y qué hotel se le debería asignar y, en el caso extremo de una cuarentena, la medida se debería aplicar también al jefe de misión.

20. Grupo de marineros alemanes desfilando en la ciudad de México durante las celebraciones para conmemorar el primer Centenario de la Independencia.

21. Participación de marineros argentinos en el desfile celebrado, en la ciudad de México, en ocasión de los festejos por el primer Centenario de la Independencia.

Efectivamente, desde principios de septiembre comenzaron a llegar a Veracruz las naves con los invitados: los cruceros *Furst Bismark* y *Freya* de Alemania, el *Montcalm* de Francia, la fragata *Presidente Sarmiento* de Argentina; *La Champagne*, que traía a los representantes de Brasil y Cuba, mientras que los de Bélgica llegaron en el *México*. La delegación de España inició su viaje en una primera nave pero, en pleno Atlántico, sus miembros transbordaron a la que llevaba el nombre de su monarca, Alfonso XIII.

Cada uno de los jefes de misión que llegó en barco fue recibido por un representante personal del presidente Díaz: el comandante militar del puerto de Veracruz, Joaquín Mass, varios funcionarios de protocolo y los oficiales militares que los acompañarían durante su estancia en México.

Después de tan largo viaje, algunas delegaciones decidieron descansar en Orizaba o en el hotel Diligencias, de Veracruz; éste fue el caso de la comitiva china, que ahí pasó unos días antes de tomar el tren rumbo a la ciudad de México. En cambio, otras, luego de desembarcar, tomaron el ferrocarril para llegar a la capital de la República después de un viaje de diez horas.

México se preparaba para la celebración del Centenario de su Independencia y, mientras esto ocurría, el mundo comenzaba a vivir una de las décadas más tórridas de su historia.

El mundo: 1910

22. Reunión en el Salón Blanco del Castillo de Windsor, con motivo del funeral de Eduardo VII. Sentados, de izquierda a derecha: Alfonso XIII de España, Jorge V de Inglaterra y Federico VIII de Dinamarca. De pie, de izquierda a derecha, Haakon VII de Noruega, Fernando I de Bulgaria, Manuel II de Portugal, Guillermo II de Alemania, Jorge I de Grecia y Alberto I de Bélgica.

La mayoría de los países que enviaron representantes a las fiestas del Centenario sufrieron grandes transformaciones en muy poco tiempo. El primero de enero de 1910 comenzó una nueva década que se convertiría en el punto de partida para cambiar el orden político mundial: la Primera Guerra Mundial provocaría ocho millones de muertos y veinte millones de heridos; por su parte, la caída de cuatro imperios centenarios —el austro-húngaro, el alemán, el ruso y el turco— con sus respectivas dinastías gobernantes —Habsburgo, Hohenzollern, Romanov y Otomana— cambió la geopolítica del Viejo Mundo.

En aquellos días, Estados Unidos era gobernado por William H. Taft, a quien Porfirio Díaz había recibido en Ciudad Juárez en 1909, después de afirmar a James Creelman que el país estaba listo para la democracia.

23. Encuentro entre los presidentes de México y Estados Unidos, general Porfirio Díaz y William Howard Taft, el 16 de octubre de 1909, conocido como "entrevista Díaz-Taft".

Es cierto, Estados Unidos también cambiaba, pues los viejos prejuicios raciales se enfrentaban a sus primeros reveses: un negro obtenía por vez primera el reconocimiento mundial al reafirmar su triunfo como campeón de boxeo, a pesar de la incredulidad y la molestia de los seguidores de su rival: Jeffries, el púgil blanco. En esa ocasión, el entusiasmo de la población negra provocó enfrentamientos que desembocaron en la muerte de algunas personas en varias ciudades estadounidenses. Pero también, en esa década, Estados Unidos desarrollaría al máximo su poderosa y creciente economía gracias a una nueva forma de organización industrial: la producción en serie de los automóviles Ford, la cual redujo los pasos y el tiempo de ensamblaje a unas cuantas horas.

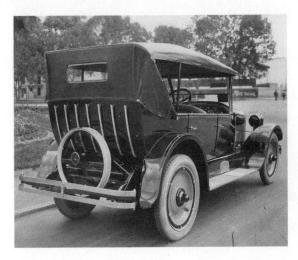

24. La producción en serie de los automóviles Ford fue el símbolo de la poderosa y creciente economía de Estados Unidos, así como de una nueva forma de organización industrial.

En los países que combatieron en la Primera Guerra Mundial, la mujer adquirió un nuevo papel al incorporarse al mercado laboral y, por consiguiente, ellas comenzaron a luchar por la protección de sus derechos y su integración a los distintos sectores de la economía como resultado de la falta de mano de obra masculina, la cual se concentraba en los campos de batalla. Todas las naciones combatientes necesitaban trabajadores, por lo que innumerables mujeres se convirtieron en obreras, químicas, ingenieras y médicas: en Rusia, por ejemplo, fueron nombradas profesoras en la universidad, mientras que en Inglaterra se sumaron a la administración pública y privada.

En esta década también ocurriría —en 1915, para ser precisos— el primer gran genocidio del siglo: el exterminio de la mitad de la población de Armenia. Dos millones de armenios murieron a manos de los turcos y, al final de este periodo, en 1918, se inició la primera pandemia que provocó cuarenta millones de muertos en todo el planeta: la influenza española.

25. Traslado de un enfermo durante la epidemia de influenza española en la ciudad de México en el año de 1918.

En 1910, Inglaterra tenía un nuevo rey, Jorge V, hijo de Eduardo VII y nieto de la reina Victoria, a cuyas exequias asistieron por última vez todos los monarcas de Europa, quienes, cuatro años más tarde, se enfrentarían en los campos de batalla. Por su parte, Francia consolidaba el sistema presidencial y Alemania —gobernada por el káiser Guillermo II— preparaba su imperio para la conflagración mundial mientras expandía sus dominios en África.

Rusia —en 1913— consideraba como subversivo todo aquello que cuestionara los principios que la regían: la propiedad, la servidumbre, el Estado al servicio de los ricos y la Iglesia sometida al Estado. Estos fenómenos sólo eran el preludio de la revolución bolchevique. Así, mientras el zar Nicolás II se aprestaba para una conmemoración en sus tierras: el tercer centenario de la dinastía Romanov, el fuego de la revolución amenazaba con iniciarse. No en vano, cinco años más tarde, él sería asesinado junto con su familia; aunque al final del siglo XX —en una de las volteretas de este siglo— los Romanov fueron ungidos

26. Los funerales de Eduardo VII de Inglaterra en 1910 reunieron por última vez a los representantes de las grandes monarquías europeas.

como santos de la Iglesia ortodoxa rusa. Asimismo, gracias a la Revolución de Octubre, surgiría una nueva forma de convivencia que intentó convertir en realidad las utopías sociales que nacieron en el siglo XIX: tras la instauración del régimen soviético, el ideario marxista-leninista se transformaría en la ideología de la tercera parte de la humanidad.

En 1910 también se iniciaría una revolución estética con el estreno del *Pájaro de fuego* de Stravinsky. Con ritmo acelerado surgirían diversos movimientos de vanguardia que abrieron nuevas rutas a la creación artística: expresionismo, cubismo, futurismo y arte abstracto, entre muchos otros. Los viejos fundamentos del arte entraron en crisis: se prescindió de la perspectiva, se distorsionó o se geometrizó al máximo la figura humana. La arquitectura también comenzó a utilizar nuevos materiales, como el hierro, cuyo ejemplo más difundido ya era la Torre Eiffel —construida con motivo de la Exposición Internacional de París en 1889—, o el concreto armado que permitió crear nuevas estructuras.

28. Eduardo VII de Inglaterra poco antes de su muerte.

27. El presidente Porfirio Díaz luciendo sus condecoraciones.

30. El archiduque Francisco José de Austria.

29. Alfonso XIII, rey de España.

31. El káiser Guillermo II de Alemania.

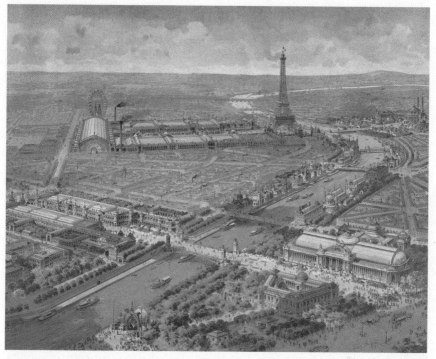

32. La Exposición Universal de París fue tomada como ejemplo por los organizadores de los festejos del primer Centenario.

Asimismo, la década que recién empezaba quedó marcada por las investigaciones de Sigmund Freud, por la profunda transformación que sus ideas provocaron en todos los campos de la cultura al intentar conocer las zonas más recónditas del ser.

En aquellos años, los índices de la vida material de la población distaban mucho del bienestar generalizado. En 1910, Suecia tenía el índice más alto de esperanza de vida, con una media de 50 años, mientras que España tenía el más bajo: 32 años. En 1913, la distribución de la renta mundial también era desigual: 36% correspondía a Europa, 32% a Estados Unidos, 8% a China, 1.5% a Japón, y Latinoamérica, en conjunto, sólo obtenía 4.1%. La renta estadounidense se había duplicado desde 1860, mientras que la de América Latina sólo se había incrementado una décima al pasar del 4 al 4.1%.

En esta región latinoamericana, casi todos los países conmemoraron el inicio de su independencia y llevaron a cabo fiestas que incluyeron eventos con fines culturales y económicos, algunos oficiales y otros organizados por particulares. Tales fueron los casos de las exposiciones nacionales e internacionales de arte celebradas en México y Argentina, y lo mismo ocurrió con el Congreso Internacional Americano de Medicina e Higiene, celebrado en Buenos Aires, o con el XVIII Congreso Internacional de Americanistas y el Congreso del Centenario, celebrado conjuntamente con México. En aquellos años, Argentina, Colombia y Chile buscaban una reconciliación con la "madre patria". Un caso distinto era el de Cuba —que en 1898 se independizó de España—, no en vano su himno nacional —el último compuesto en el siglo XIX— contenía algunos versos que fueron eliminados con el paso del tiempo: "¡Cuba libre!, ¡ya España murió, su poder y su orgullo!".

En América del Sur, la fragilidad económica y política —aunada a los problemas fronterizos entre algunas naciones— era una realidad indubitable. Para estos países, la Primera Guerra Mundial significó la declaración de hostilidades, la ruptura de relaciones diplomáticas con Alemania e, incluso, la neutralidad. Por su parte, la inauguración del Canal de Panamá —ocurrida en 1903— significó un crecimiento comercial en la región: la mayoría de los países inició una expansión económica y, en la mayoría de los casos, recibieron inversiones de Estados Unidos, lo cual marcó el inicio de una difícil relación que se prolongaría durante las siguientes décadas.

Muchos de estos países, al igual que México, buscaban ganar un lugar en el orden internacional, por ello promocionaban sus materias primas y sus recursos naturales. En 1889, por ejemplo, Argentina, Bolivia, Costa Rica, Chile, República Dominicana, Ecuador, Guatemala, Haití, Honduras, Nicaragua, Paraguay, El Salvador, Uruguay y Venezuela participaron en la Exposición Internacional de París.

33. Puerta monumental de la Exposición Universal de París de 1900.

El mundo cambiaba y México también estaba a punto de enfrentar un giro en su historia.

MÉXICO: 1910 DESDE ADENTRO

34. Porfirio Díaz, sentado en la silla presidencial, en la cúspide de su poder.

En 1910, México tenía quince millones de habitantes, el 80% vivía en localidades rurales de menos de 2 500 habitantes y la mayoría de las ciudades no alcanzaba los 50 000 pobladores. Un porcentaje similar no sabía leer ni escribir. La esperanza de vida era de 31 años. De las 8 425 haciendas del país, 51 tenían una extensión superior a las 300 000 hectáreas. Sin embargo, el crecimiento económico —el cual se sustentaba en el credo positivista de "paz, orden y progreso"— era notable en algunos sectores, por ejemplo: entre 1880 y 1910, México pasó de tener 1 073 a poseer 19 280 kilómetros de vías férreas. Efectivamente, las redes ferroviaria, telegráfica y telefónica —al igual que la industria textil, las instituciones bancarias, las empresas mineras y las explotaciones petroleras que habían multiplicado su producción— mostraban al mundo que treinta años de paz transformaron al país.

En una síntesis muy precisa, Lorenzo Meyer describe la situación material y política de aquellos años:

Desde los inicios de la guerra de Independencia en 1810 hasta el triunfo de la rebelión del general Porfirio Díaz, el panorama político y económico de México indica una anarquía endémica. Dos invasiones extranjeras y una lucha civil, casi desintegraron lo que fue el virreinato de la Nueva España. Es la administración liberal […] la que es capaz de organizar por primera vez una administración nacional relativamente eficiente y fuerte […]. Esto lo explican tres factores: la reconciliación de los antiguos contendientes, el establecimiento de un gobierno central fuerte y autoritario, y la creación de condiciones políticas y sociales necesarias para atraer al capital extranjero en cantidades suficientes para incorporar sectores económicos modernos con el fin de reiniciar el desarrollo que se interrumpiera más de sesenta años atrás con la guerra de Independencia.[22]

Asimismo, Meyer señala:

El examen de las 170 sociedades anónimas más importantes que existían al finalizar el período porfirista resulta muy ilustrativo.

Únicamente 23% del capital correspondiente a este sector se encontraba en manos nacionales y la mayor parte de éste era gubernamental; sólo el 9% del total correspondía a empresas privadas nacionales: la burguesía nacional moderna prácticamente no existía.[23]

35. La construcción de una gran red de vías ferroviarias fue el principal símbolo del progreso porfirista. En la imagen, la Estación de la Soledad.

En efecto, en aquellos años, la inversión extranjera se destinó principalmente a la construcción de la red ferroviaria, a las explotaciones mineras y la banca que —desde la legislación de la década de los ochenta del siglo XIX— comenzó a desarrollarse gracias a los capitales franceses, alemanes e ingleses. Esta situación se mantuvo hasta la caída de Porfirio Díaz, pues, en 1911, el 80% de la inversión estadounidense e inglesa se concentraba en la minería y los ferrocarriles, mientras que el petróleo sólo representaba 2.5% del total.

A lo largo del porfiriato, la inversión destinada a la industria petrolera fue preponderantemente estadounidense e inglesa y, a pesar de no ser tan cuantiosa en comparación con el capital de las empresas ferrocarrileras, la producción de barriles pasó de 10 000 a más de tres millones y medio entre 1901 y 1910. En aquellos años, las empresas petroleras disfrutaron de exención fiscal, salvo en el caso del impuesto del timbre, y su desarrollo —además de aquella ventaja— estuvo vinculado de forma estrecha con las transformaciones del régimen jurídico que ocurrieron durante el gobierno de Manuel González: en ese cuatrienio se rompió el principio heredado del virreinato, que sostenía que el Estado era el propietario del subsuelo, pues su propiedad se transformó en superficiaria.

Durante la primera década del siglo XX comenzó a promoverse y multiplicarse la inversión europea en nuestro país gracias a las consideraciones de Porfirio Díaz y su secretario de Hacienda, José Yves Limantour. Para ellos era fundamental que el capital estadounidense no monopolizara ciertas áreas estratégicas. Esta política, en buena medida, explica el distanciamiento entre el gobierno de Díaz y el de Taft. Asimismo, existía el problema que surgió a raíz de la caída del presidente Zelaya de Nicaragua y el compromiso de Porfirio Díaz de traerlo a México en un buque de nuestra bandera, lo cual había provocado el enojo de Knox, secretario de Estado del país vecino. Sólo después de una ardua negociación de Enrique C. Creel en Washington se consiguió la autorización del presidente Taft para que Díaz pudiera honrar su compromiso, un hecho que narra ampliamente en sus *Memorias*.[24]

36. José Yves Limantour, secretario de Hacienda y Crédito Público, logró estabilizar las finanzas nacionales.

En 1910, precisamente el 15 de septiembre, sería el cumpleaños número 80 de Porfirio Díaz y México celebraría el Centenario del inicio de la Independencia. En junio, Díaz se había reelecto por séptima ocasión, lo cual le permitiría volver a ocupar la presidencia en diciembre, y el 20 de noviembre —el mismo día en que moriría en Rusia el gran Tolstoi, el anarquista católico que influyó en el magonismo— estallaría la Revolución mexicana.

MÉXICO: SUEÑOS Y ASPIRACIONES

En aquellos días, México se soñaba moderno, progresista y cosmopolita. Muchos de sus habitantes —sobre todo los que habían recibido beneficios por la paz y el desarrollo— estaban seguros de que el país entraba por la puerta grande a una nueva era. Sin embargo, la vida de los pobres —salvo en algunos casos del norte del país que se transformó a causa de su vecindad con

37. Familia de clase alta, vestida de domingo.

38. Familia de indios mayas en Yucatán (1905).

Estados Unidos— muy poco había cambiado desde los últimos años del juarismo.

Por estas razones es interesante conocer el análisis que Andrés Molina Enríquez realizó en su obra *Los grandes problemas nacionales*.[25] En este libro, el autor nos ofrece una imagen de la estratificación social de México en aquellos días: en la punta de la pirámide social se concentraban los extranjeros —tanto los estadounidenses como los europeos—, los criollos, los nuevos moderados, los conservadores y el clero, y una parte de los mestizos, directores, profesionistas, empleados, militares, obreros superiores y el clero inferior, quienes —aun siendo indígenas— componían las clases altas. No en vano Justo Sierra afirma que "en México no hay clases cerradas".[26] Pero las ideas de Molina Enríquez y Sierra no fueron únicas, pues Francisco Bulnes afirmaba que 70% de la clase media dependía del gobierno y que "el vestido dio lugar a una división de tres clases sociales: la alta o enlevitada, la media o de chaqueta y pantalón y la baja o calzonuda".[27]

Efectivamente, en 1910, en el país no sólo vivía la clase pudiente que se enriqueció durante las últimas décadas del siglo XIX, también había nacido una nueva burguesía que concentraba su riqueza en el comercio, la explotación del campo y su incipiente incursión en la banca.

Incluso podríamos recordar algunas de las imágenes de sus familias para descubrir los sueños de modernidad, progreso y cosmopolitismo. Ahí, frescas en la memoria, están las mujeres que se reunieron en los salones de Palacio Nacional, acompañando a sus importantes maridos, cuando Porfirio Díaz salió al balcón presidencial para dar el grito; ahí están las damas que desplegaban su elegancia en los festejos copiados de las cortes imperiales de Guillermo II, del zar Nicolás II o del viejo Francisco José de Austria: ellas bailaban cuadrillas, valses de Strauss, de Lanner, de Waldteufel y de Offenbach. Ellas, junto con los de su condición, comían en vajillas de Limoges, Sajonia o Meissen; bebían vino de Burdeos y del Rhin en copas de Bohemia; ellos se vestían con los trajes de Saville Road que compraron en sus viajes a Londres y ellas —sin excepción— portaban trajes de modistos franceses comprados durante sus largas estancias en París o adquiridos por encargo en El Palacio de Hierro. Todos están perfumados con los aromas europeos que decantaban especias y olores de Asia y Medio Oriente. Ellas, con tantas ocupaciones, dejaban a sus niños a cargo de las institutrices, de las nanas nacidas en sus haciendas o de las rígidas profesoras traídas de Francia o Inglaterra con el fin de que aprendieran francés y, muy en segundo lugar, inglés.

39. Porfirio Díaz con su familia, a imagen y semejanza de las grandes familias gobernantes de Europa.

La mayoría desarrollaba su vida social en la ciudad de México que, sin duda, fue la que recibió los mayores beneficios del porfiriato, aunque —cabe señalarlo— en buena parte de las capitales de los estados también se construyeron desagües, drenajes, mercados, rastros, hospitales, cementerios, escuelas, jardines y penitenciarías, al tiempo que se instaló el alumbrado eléctrico y se publicaron sendos bandos y códigos sanitarios.

Las imágenes de esos años quedaron plasmadas desde 1840, gracias a la llegada de la fotografía a México. Ésta —luego de sus usos publicitarios durante la época de Maximiliano— terminó convirtiéndose en una costumbre: casi todas las clases sociales guardaron testimonios de los momentos más significativos de sus vidas. Sin embargo, en estas imágenes también había diferencia: mientras los pobres se retrataban con fotógrafos anónimos, los más pudientes apreciaban los trabajos de Valleto, cuyos retratos adornaron las casas de quienes no habían logrado plasmar a sus antepasados en óleos firmados por los artistas del virreinato.

El México de Porfirio Díaz, cuando menos para estos personajes, había convertido en realidad los sueños de progreso y modernidad. Sin embargo, también habría que hacerse una pregunta: ¿cómo transcurría la vida cotidiana en aquellos tiempos?

La realidad tangible

Entre los espectáculos de mayor concurrencia destacaban el teatro, la ópera y los conciertos. Los principales teatros eran el Nacional, el Lírico y el Arbeu. No había grupos musicales estables y menos aun compañías nacionales de ópera. Las funciones corrían por cuenta de compañías extranjeras, italianas principalmente, que no limitaban sus presentaciones a la ciudad de México, pues recorrían el país presentando obras de autores conocidos: Rossini, Verdi y Donizetti eran los más apreciados.

Por su parte, los circos proliferaron en la ciudad: el Orrín era uno de los más famosos y su vida se prolongó durante todo el porfiriato. Ahí se presentaban payasos, acróbatas y espectáculos con animales. Por regla general, los teatros les facilitaban los telones y decorados.

Las carreras de caballos también comenzaron a ganarse su público durante la segunda mitad del siglo XIX. El primer hipódromo se construyó en Peralvillo, le siguió el de Indianilla y finalmente se construyó el Hipódromo Condesa, donde se llevó

40. En la imagen, el interior del Teatro Arbeu, uno de los principales de la ciudad de México.

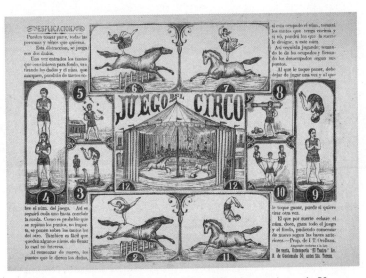

41. El juego del circo, juego de dados publicado por Antonio Vanegas con ilustraciones de José Guadalupe Posada, que muestra las suertes más populares de los actos circenses en 1900.

a cabo el primer *derby* como parte de las fiestas del Centenario. Aunque no se incluyó en el programa oficial de las celebraciones, el premio que se entregó en aquella ocasión fue de gran magnitud: 15 000 pesos contantes y sonantes.

Además, en las últimas décadas del siglo XIX llegaron de Europa y Estados Unidos nuevos deportes: el patinaje, la esgrima, el tenis, el boliche, el futbol y el beisbol. En su mayoría, ya eran practicados por muchos de los asistentes a la recepción del 15 de septiembre.

La aeronáutica apenas comenzaba y pronto se convirtió en todo un acontecimiento: en 1910, cuando Alberto Braniff realizó el primer vuelo con un avión en los campos de Balbuena, todos los espectadores —al igual que los que se enteraron gracias a los periódicos— quedaron maravillados por esta hazaña.

42. El espectáculo aéreo en los llanos de Balbuena fue una atracción que disfrutaron los residentes de la ciudad y los asistentes a las fiestas del Centenario.

La superstición no abandonó a México en sus fiestas patrias e hizo eco de los temores que había despertado la inminente aparición del cometa Halley. La estela del cometa entró en contacto con la Tierra el 18 de mayo; en México, este suceso se interpretó como una influencia positiva para los festejos de la Independencia. Sin embargo, meses más tarde —cuando Porfirio Díaz cayó— se convirtió en una señal divina que revelaba el apoyo a la Revolución. En todos los periódicos aparecieron imágenes del cometa, desde la primera que reprodujo las fotografías tomadas en el observatorio Yerkes de Chicago en abril de 1910, hasta la ilustración de José Guadalupe Posada que se publicó el 30 de mayo en *El Diablito Rojo*, bajo el título de "La llegada del cometa".

LA VIDA POLÍTICA

En septiembre de 1910, los miles de hombres, mujeres y niños que llenaban el Zócalo o recorrían las calles aledañas, al igual que los que celebraban en todos los rincones del país, portaban algún tipo de emblema que aludía a la Independencia. Muchos de ellos bebían en vasos de vidrio con un grabado de la imagen de Díaz, saludaban agitando pañuelos con su efigie, cuidaban el plato que habían comprado en un puesto cercano al Zócalo, pues en él aparecían los rostros de Díaz, de Hidalgo o de Juárez, o de los tres juntos. No en balde, el decreto que estableció la obligación de organizar un amplio programa de conmemoraciones mandaba que éstas no se limitaran a las actividades oficiales, y para ello también se invitaba al pueblo de México a sumarse a ellas.

Aun cuando se afirma que las conmemoraciones sólo fueron actividades oficiales en la cuales participaron las élites nacionales, es innegable que también se llevó a cabo una gran fiesta popular que abarcó todo el país con muy diversas actividades y una sucesión de eventos a los que se sumaron todos los sectores sociales. Por lo tanto, una forma natural de promover la participación fue la elaboración de innumerables objetos alusivos a los personajes, hechos y lugares que tuvieron relevancia en el movimiento de Independencia. En una parte muy significativa de las imágenes que adornaban estos objetos —desde estampas hasta grabados en cristal, bordados, medallas, monedas, platones y carteles— aparecía el rostro y el nombre de Porfirio Díaz.

Díaz se situaba en el centro de la conmemoración subrayando su papel como personaje fundamental del panteón nacional. Él había transitado por los grandes momentos del

43. Vaso conmemorativo del Centenario con los rostros de Miguel Hidalgo y Porfirio Díaz.

44. Plato conmemorativo del Centenario, con Porfirio Díaz a caballo, regalo de los ciudadanos de Puebla al presidente de la República.

siglo XIX: nacido nueve años después de la consumación de la Independencia, fue héroe en la lucha contra los franceses, abanderado de la no reelección, par de Juárez, estandarte del liberalismo, enemigo de los privilegios de la Iglesia católica, *factotum* de la modernización económica del país y artífice de esa paz política.

Los principios del positivismo que sustentaban su política desde las últimas décadas del siglo XIX: "paz, orden y progreso" quedaron englobados en la frase "poca política y mucha administración", que algunos atribuyen al propio Díaz y otros a Ignacio L. Vallarta.[28] Pero el hecho es que esas palabras condensaron el ideal de su gobierno. Gracias a ellas, quedaba clara la necesidad de contener cualquier desorden que pudiera enturbiar la vida de la nación; así, cualquier amenaza a las instancias productivas sería reprimida cuando la negociación se agotara. Su papel como patriarca y guía indiscutible de la vida nacional no permitía que los avances materiales se detuvieran.

Sin embargo, este credo no fue capaz de contener la inquietud que marcaba a los políticos y a la población: ¿qué pasaría en el país tras el fin del mandato de Porfirio Díaz? A pesar de sus

80 años, Díaz no se planteaba esta pregunta, aunque en alguna ocasión esbozó una respuesta que levantó ámpula. Dos años antes de las fiestas, el 3 de marzo de 1908, durante la entrevista que sostuvo con James Creelman, reportero del *Pearson's Magazine*, afirmó que el país estaba maduro para la democracia y que, en 1910, al concluir su periodo de gobierno, se retiraría del poder. La entrevista no sólo hablaba de la sucesión en el poder, pues también pretendía explicar su papel en la historia de México:

> Recibí este gobierno de manos de un ejército victorioso, en un momento en que el país estaba dividido y el pueblo impreparado para ejercer los supremos principios del gobierno democrático. Arrojar de repente a las masas la responsabilidad total del gobierno, habría producido resultados que podían haber desacreditado totalmente la causa del gobierno libre.[29]

Asimismo, en esta entrevista se mostraba la inexorable afirmación de Díaz: su autoridad era equivalente a la estabilidad del país y eso, sin duda alguna, era lo que se buscaba proyectar en la conmemoración de la Independencia:

> El hecho de que los valores mexicanos hubieran bajado bruscamente once puntos durante los días que la enfermedad me obligó a recluirme en Cuernavaca, indica la clase de evidencia que me indujo a sobreponerme a mi inclinación personal de retirarme a la vida privada.[30]

El encuentro con el periodista estadounidense lo gestionó Enrique C. Creel, gobernador de Chihuahua. Después de la entrevista se le entregó una copia del manuscrito a Díaz y terminó publicándose por vez primera en Nueva York en el *Pearson's Magazine*. Posteriormente, en México, el *Mexican Herald* publicó algunos fragmentos, y el 3 y 4 de mayo *El Imparcial* dio a conocer una versión incompleta.

45. El periodista James Creelman le hizo a Porfirio Díaz, en marzo de 1908, la célebre entrevista en la que el mandatario dejó entrever su voluntad de dejar el poder.

La lectura de la entrevista Díaz-Creelman en México fue explosiva. La primera certeza de sus lectores fue que el proceso sucesorio había comenzado. No en vano, algunas de las palabras de Porfirio Díaz parecían afirmarlo con precisión:

He esperado pacientemente porque llegue el día en que el pueblo de la república mexicana esté preparado para escoger y cambiar sus gobernantes en cada elección, sin peligro de revoluciones armadas, sin lesionar el crédito nacional y sin interferir con el progreso del país. Creo que finalmente, ese día ha llegado.[31]

Las reacciones fueron muy variadas: Rodolfo Reyes, el hijo del general Bernardo Reyes, afirmó en sus memorias que Díaz había pronunciado estas palabras sólo para aplazar el problema. Otros, los reyistas y los científicos, comenzaron a enfrentarse en un duelo casi mortal. Sin embargo, para Francisco I. Madero la entrevista fue el detonador para escribir y publicar *La sucesión*

46. Francisco I. Madero,
cabeza del Movimiento
Antirreeleccionista.

presidencial en 1910 y manifestarse como parte del Partido Liberal Mexicano, la organización creada por los hermanos Flores
Magón, quienes también publicaban un periódico de combate:
Regeneración.

En aquellos momentos, el país enfrentaba una situación similar a la lucha sucesoria que, en 1904, marcó la sexta reelección
de Díaz: para esta contienda habían aumentado la intensidad, el
número de actores y las exigencias. Para enfrentar estos escollos,
Díaz diseñó una política que implicaría el posicionamiento de
su secretario de Hacienda, José Yves Limantour, y del gobernador de Nuevo León, Bernardo Reyes, como sus posibles sucesores en la presidencia de la República. El mismo Rodolfo Reyes
señala que la idea no era en favor de uno u otro, pues de los dos
personajes que podrían sucederlo en el poder primero se postularía a Limantour, el gran técnico financiero, y después a Bernardo Reyes, un militar reconocido e impulsor del crecimiento

neoleonés. Posteriormente a éste lo sucedería Limantour como garante de las finanzas públicas.

Limantour, dice Vasconcelos, llegó a la Secretaría de Hacienda apoyado por

> [...] Romero Rubio, el suegro del dictador, jefe de esos negociantes que pronto se multiplicaron hasta constituir el partido oficial que Justo Sierra, su portavoz, calificó con el nombre de científico, porque se fundaba en la teoría del filósofo inglés Spencer, doctrinario del imperialismo británico, según el cual, los aptos, los fuertes, tenían el derecho de exterminar y de explotar a los débiles, los pobres, los humildes.[32]

El secretario de Hacienda representaba a una de las fuerzas políticas del régimen: los Científicos. Para finales de la década de 1880, Manuel Romero Rubio se había rodeado de un grupo de jóvenes influidos por los preceptos positivistas y con ambiciones políticas. Entre ellos, José Yves Limantour, Pablo y Miguel Macedo, Joaquín Casasús, Francisco Bulnes y Rafael Reyes Spíndola. A partir de 1892, el desarrollo industrial y económico del país se puede atribuir en gran medida a este grupo de intelectuales. Lograron atraer capital extranjero para impulsar la industria textil y tabacalera, así como extender las líneas ferroviarias.[33]

A pesar del apoyo de Díaz, un asunto polémico era el origen francés de Limantour. María Sodi de Pallares, sumada a la extendida voz de sus críticos, afirma en sus *Memorias*[34] que Limantour, en realidad, sí cumplía con el requisito constitucional, pues era mexicano por nacimiento. Efectivamente, a los 21 años y durante su primer viaje a Europa, José Yves tuvo que tomar la decisión de optar por una nacionalidad: la mexicana o la francesa. Su padre le aconsejó que hiciera lo que sintiera correcto. Limantour se decidió por la mexicana, a pesar de los reproches de su madre. En esos años, José Yves aún no sabía que se convertiría en uno de los pilares del porfiriato.

En cuanto a Reyes, desde 1900, el periódico capitalino *El Liberal* lo había ensalzado como el mejor sucesor de Díaz. No en vano, él siempre destacó como uno de los brazos fuertes de Díaz en la pacificación del país y la sujeción de los caciques de los estados al gobierno federal. Madero, por su parte, sostenía que Reyes tenía el mismo corte militar y autoritario que Díaz. En ese año, tras la muerte de Felipe Berriozábal, Reyes se convirtió en el nuevo ministro de Guerra y actuó de modo sobresaliente —sobre todo con la creación de la segunda reserva, formada por 16 000 reservistas en la capital y ramificada a toda la República—; sin embargo, esta medida sólo abonó las suspicacias de Díaz, pues se creaba una fuerza civil que podía escapar del control del presidente. A ello se sumó su rompimiento con Limantour, quien argumentaba que Reyes solicitaba cantidades exageradas a las arcas públicas, a lo que el militar replicaba que el secretario de Hacienda sólo impedía la reorganización y modernización del ejército.

Al poco tiempo de iniciados estos conflictos, Reyes se vio obligado a renunciar a la Secretaría de Guerra y regresar al gobierno de Nuevo León en 1902. Sin embargo, la cosa no quedó ahí: surgieron nuevos problemas que llevaron a Reyes a defenderse de acusaciones que se le hicieron en 1903. Sus enemigos,

47. El general Bernardo Reyes, para muchos el sucesor natural de Don Porfirio a la presidencia.

sin duda alguna, buscaban desprestigiarlo ante la opinión pública. Sin embargo, en la Cámara de Diputados se analizó la acusación y se le exculpó de haber maltratado a un soldado.

A pesar de los conflictos y las acusaciones, la popularidad de Bernardo Reyes siguió creciendo hasta 1908, cuando, debido al rechazo generalizado a Ramón Corral, comenzaron a formarse clubes reyistas que buscaban que ocupara la candidatura a la vicepresidencia de la República. Díaz se mostró reacio. Incluso, colérico llegó a decirle al senador José López Portillo y Rojas, el más ferviente reyista: "Aceptaré la presidencia si se me da por compañero a un individuo con quien pueda marchar de acuerdo. ¡Pero si eligen ustedes al general Reyes, me quedaré en mi casa porque con él no puedo entenderme!"[35]

Reyes permaneció en la gubernatura hasta 1909, cuando una nueva intriga política, de la que no quiso defenderse públicamente para evitar un alejamiento con el presidente Díaz, lo obligó a dejar para siempre Nuevo León y asumir una comisión oficial en Europa: él debía tomar cursos sobre las nuevas técnicas y equipos militares, un hecho que lo mantuvo alejado del proceso sucesorio de 1910.

El caso de Limantour fue diferente, aunque también estuvo fuera del país durante el proceso sucesorio y las conmemoracio-

48. Ramón Corral, vicepresidente de México, de 1904 a 1911, al mismo tiempo que se desempeñaba como ministro de Gobernación.

nes. Las razones con las cuales el secretario de Hacienda justificó su lejanía eran inherentes a su responsabilidad pública y su vida personal: la renegociación de la deuda con Francia y la salud de María Cañas, su esposa, quien debía someterse a un tratamiento de aguas termales en Europa. Se han establecido muchas hipótesis sobre este acontecimiento: desde buscar un alejamiento político y amistoso de Díaz para no repetir las inconveniencias de la lucha anterior, hasta que su sagacidad le hizo ver —antes que los demás políticos— el final del régimen.

A la sucesión de 1910 se agregó un nuevo ingrediente: la determinación de Díaz de imponer nuevamente a Ramón Corral como candidato a la vicepresidencia, un hecho que, dada la edad de Porfirio Díaz, se convertía en la única señal más o menos clara del futuro político del país. Por si lo anterior no bastara, en aquella contienda también irrumpieron nuevos personajes: el principal fue Francisco I. Madero, sobre quien José Vasconcelos escribió lo siguiente:

Al acercarse el año 1910, Centenario de la Independencia, el país se hallaba inquieto porque la avanzada edad del dictador convencía a todos de que era inevitable un cambio […] por lo demás no había antecedentes en México de una verdadera revolución acaudillada por civiles. Sólo se habían producido cuartelazos […].[36]

Por su parte, en *La sucesión presidencial en 1910*, Madero escribió:

En lo particular, estimo al general Díaz, y no puedo menos de considerar con respeto al hombre que fue de los que más se distinguieron en la defensa del suelo patrio, y que después de disfrutar por más de treinta años el más absoluto de los poderes, haya usado de él con tanta moderación; acontecimientos de los que muy pocos registra la Historia.[37]

En abril de 1910, Madero tuvo una rasposa entrevista con Díaz. Durante el encuentro, Madero sólo le pidió que considerara el nombramiento de un candidato adecuado para la vicepresidencia y no cuestionó el resto de su política. Madero argumentaba que él sólo había dado respuesta a lo que Díaz había señalado en su entrevista con Creelman y que eso lo había llevado a escribir *La sucesión presidencial en 1910*. Se sabe que ninguno de los dos tuvo una buena impresión del otro. Díaz sólo se refirió a Madero como "un loco".[38]

49. Manifiesto a la Nación durante la campaña de Francisco I. Madero y Francisco Vázquez Gómez.

Madero —que pertenecía una de las familias más ricas e influyentes del país— actuaba con total convicción a pesar del riesgo que significaba para los suyos el enfrentamiento con Díaz. Es revelador el texto de una carta que su abuelo, Evaristo Madero, le escribió a Limantour en enero de 1911, con el país ya medio levantado en armas y su nieto Francisco viviendo en San Antonio, Texas:

Si a todo esto agrega Ud., mi buen amigo, todos los dolores de cabeza que nos han causado las malhadadas cuestiones políticas y en que por fuerza quieren las altas personalidades del Gobierno hacernos pasar por revolucionarios, o cuando menos, sostenedores de la revolución, porque el visionario de mi nieto Francisco se ha metido a querernos redimir de nuestros pecados —como dice el catecismo del Padre Ripalda— y todo ello disque por revelaciones de los espíritus de Juárez o no sé quien, comprenderá Ud. que nuestra situación es tan angustiosa.[39]

De este modo hacía referencia a la persecución política tras bambalinas, por medio de la cual les embargaban sus cuentas bancarias, bienes y congelaban sus fondos. Sus socios los miraban con recelo.

50. Inauguración del Centro Antirreeleccionista en México (1909). Al centro, Francisco Vázquez Gómez y García Granados.

Las cosas ya no eran como antes. El resurgimiento del liberalismo detonó la oposición al régimen. En mayo de 1909, Madero y Emilio Vázquez Gómez convocaron a la creación del Centro Antirreeleccionista de México que, para mediados de 1910, tenía registrados más de cien clubes en 22 estados, un hecho que en abril del mismo año les permitió convertirse en un partido político: el Partido Antirreeleccionista que postuló a Madero a la presidencia y a Vázquez Gómez a la vicepresidencia. Por su parte, el reyismo también concentró las necesidades de un relevo generacional y las posibilidades individuales de ascenso político.

51. Hombres acuden a depositar sus votos en las urnas, en las elecciones de 1910.

Las dos rondas electorales se llevaron a cabo el 26 de junio y el 10 de julio. Sin embargo, pocos podrían presagiar que la revolución se avecinaba. El embajador alemán, al inicio de 1910, consideraba que una revolución estaba fuera de toda posibilidad.

52. Manifestación del Partido Antirreeleccionista de México en apoyo a su candidato Francisco I. Madero.

53. Manifestación de periodistas en apoyo a la reelección de Díaz. 2 de abril de 1910.

Según Garner,[40] biógrafo de Díaz, los festejos del Centenario alejaban la hipótesis del desorden y, aunque la atención se concentraba en las elecciones, sólo había muy leves temores sobre lo que podía ocurrir. Incluso, los seguidores de Madero consideraban remota la posibilidad de la violencia. Pero todo esto no era un resultado de la casualidad: Porfirio Díaz era una personalidad mundial, como fue perfectamente descrito en las últimas líneas de su entrevista con Creelman:

> Así es Porfirio Díaz, el hombre más destacado del hemisferio americano. Todo lo que ha hecho, casi solo, en estos años para un pueblo degradado y desorganizado por la guerra, sin ley y con políticos de ópera cómica, es la gran inspiración del panamericanismo, la esperanza de las repúblicas hispanoamericanas.[41]

EL CREDO Y LA MITOLOGÍA

En los discursos y la documentación gubernamental de los tiempos de Porfirio Díaz casi nunca se menciona la palabra positivista. La adopción de conceptos de la filosofía de Comte fue paulatina y tenía como objetivo sumar a México al lenguaje de las naciones avanzadas, a los discursos de la ciencia y la razón. En este sentido, las ideas de Justo Sierra son un ejemplo preciso: ellas pretendían que la producción de conocimiento en nuestro país se llevara a cabo de una manera científica, a tal grado que la búsqueda de la verdad se convirtiera en su motor: "la verdad es el patrimonio humano por excelencia", dijo Sierra.

54. Justo Sierra, uno de los secretarios que más participación tuvo en los festejos del Centenario.

Por su parte, la interpretación que hizo el gobierno del lema "orden y progreso" se puede observar en las labores cotidianas del régimen. *El Imparcial,* durante los meses previos a la conmemoración, subrayó la acción gubernamental encaminada a garantizar la armonía y participación de los diversos grupos sociales, justo como ocurrió en 1909, cuando Guillermo de Landa y Escandón visitó las fábricas de la ciudad de México para fortalecer el diálogo entre los obreros y las autoridades, y promover el desarrollo de sociedades mutualistas. En todas estas visitas, cuando Landa llegaba, el patrón o el dueño lo recibía, posteriormente pronunciaba un discurso y un obrero le respondía.

En todos los casos, Landa repitió algunas ideas: la gratitud que el pueblo mexicano debía guardarle a Porfirio Díaz por la paz que trajo su gobierno y cómo esta condición permitió el desarrollo de la industria y el bienestar de los trabajadores:

> Mis ideales y el objeto que persigue la Gran Sociedad Mutualista y Moralizadora del Obrero, es formar al trabajador, instruirle y volverle útil para su país y para su familia, porque el obrero que ingrese a esta agrupación, tendrá que ser honrado, laborioso y moral [...] todo obrero amante de su país, debe tener grabado en su corazón el nombre de nuestro gran Presidente, el señor General Díaz, a quien debemos el engrandecimiento de México y el desarrollo y progreso de la riqueza pública.[42]

Las acciones de Landa no fueron las únicas: en 1881, en el periódico *La Libertad,* el candidato a gobernador de San Luis Potosí, Pedro Díez Gutiérrez, señalaba la necesidad de conocer las leyes naturales y sus relaciones para establecer las condiciones de orden adecuadas al desarrollo de la sociedad. Con estos hechos —y otros muchos— se marcaba el inicio de la escuela científica política de México, la cual seguiría los dictados del positivismo comtiano que postulaba a la libertad como medio, al orden como base y al progreso como fin. De este modo, se sacrificaba la libertad política para alcanzar la libertad que supuestamente permitiría un notable aumento en la riqueza de los individuos.

LA PRENSA: ENTRE LA MORDAZA Y LA CRÍTICA

Una muestra palpable de la situación política que se vivía en aquellos años es la relación que el gobierno estableció con la prensa. Si bien en los últimos momentos del porfiriato los periódicos lograron una mayor presencia en la República, la veracidad de sus noticias y opiniones era muy limitada. En un estudio que se hizo sobre el porfiriato —afirma Daniel Cosío Villegas—[43] con el fin de analizar los temas que trataban los periódicos se concluyó que, en los años cercanos a 1910, de los 56 textos contenidos en ocho planas de siete columnas, 30 eran anuncios, diez eran cables extranjeros, seis narraban chismes de comisaría, tres de asuntos sociales y personales, dos se referían a la cárcel de Belem, uno al comercio y finanzas, medio de agricultura y minería, tres a las grandes empresas y la media restante se dedicaba a las sociedades mutualistas. Efectivamente, los periódicos oficialistas no dedicaban espacio a los temas políticos de fondo y menos a aquellos que no provinieran del gobierno.

La relación con la prensa —que al principio del porfiriato había sido difícil— se suavizó desde el preciso instante en que se otorgaron las primeras prebendas. *El Tiempo*, fundado en 1883 y con un tiraje de 2 500 ejemplares, se declaró "mexicano en política y católico en religión". Por si esto no bastara, *El Tiempo* advirtió a los católicos que era ilícita la lectura de los periódicos impíos como *El Siglo XIX, El Partido Liberal, El Universal, La Patria Mexicana, El Diario del Hogar, El Hijo del Ahuizote* y *El Monitor Republicano*, todos subvencionados, menos el último.

Sin embargo, en 1896, el gobierno cortó las subvenciones de varios diarios para concentrarla en uno solo: 50 000 pesos para que Rafael Reyes Spíndola publicara el periódico *El Imparcial*, con un precio de venta que, al comenzar el siglo XX, era de un centavo y que subió a dos en 1907. El tiraje de este periódico también era significativo: 125 000 ejemplares anuales. Como resultado de esta medida, desaparecieron *El Siglo XIX* y el *Monitor Republicano*. En esos años, el tiraje anual de los periódicos mexicanos oscilaba entre 15 y 20 000 ejemplares frente a los 16 000 000 que se tiraban en Estados Unidos.

Otras publicaciones importantes fueron *El País*, dirigido por Carlos Díaz Dufoo, y *El Mundo Ilustrado*, que estaba a cargo de Luis G. Urbina. En la República había en 1910, 1 571 periódicos, que se concentraban en el Distrito Federal y Jalisco con 25 y 11% de las publicaciones, respectivamente. La prensa de oposición también circulaba pero en cantidades mucho menores y esto lo hacía con mucha precaución, justo como ocurrió con *Regenera-*

ción, el periódico que continuó publicándose en Estados Unidos después de que los hermanos Flores Magón abandonaran el territorio nacional y el gobierno prohibiera su publicación.

55. Edificio de *El Imparcial*, principal periódico de la época y que cubrió de manera exhaustiva las fiestas del Centenario.

56. *El Monitor Republicano*, periódico que desapareció en 1896, al perder la subvención del gobierno.

57. *El Mundo Ilustrado*, periódico a cargo de Luis G. Urbina durante la época porfirista.

58. Primer número del periódico de oposición *Regeneración*, editado por los hermanos Flores Magón.

59. Ricardo Flores Magón y operarios del periódico *Regeneración*.

Así fueron las cosas

Éstos son algunos rasgos del México que celebraría el Centenario de la Independencia con un esplendor que pocos disfrutarían, aunque las obras de beneficio social terminaron por transformar la vida de miles de mexicanos. El privilegiado y estricto derecho de admisión restringió el acceso a los eventos de la conmemoración, aunque Díaz había enfatizado que se buscaría la participación popular. Esos pocos, poquísimos privilegiados, serían los protagonistas de los actos celebrados en el interior de los espacios públicos; los demás —de manera dócil y cálida— sólo vitorearían los desfiles, se harían presentes en algunas de las inauguraciones y se concentrarían en el corazón de la República: el Zócalo metropolitano.

Pocos meses después, ese mismo pueblo festivo se enteraría de los hechos sangrientos de la Revolución. La revuelta se iniciaría a pesar del vino de San Germán, cuyo anuncio en *El Imparcial* lo recomendaba para "experimentar la inefable alegría de ver alejado el peligro en momentos que se crean presas de cualquier dolencia".

Segunda parte

Las fiestas del Centenario

60. Litografía conmemorativa de los festejos del primer Centenario de la Independencia.

El primero de enero de 1910, *El Imparcial* —el periódico más cercano al gobierno porfirista y que tenía la mayor circulación en el país— publicó a ocho columnas un titular inolvidable: "El primer día del año del Centenario". En esa misma plana del diario, uno de los redactores dio a conocer una nota donde se afirmaba que:

> Las fiestas populares que la Comisión Nacional del Centenario organizó para celebrar la entrada del año de 1910, atrajeron millares de personas a la Plaza de la Constitución. Desde las siete de la noche se quemaron vistosos fuegos artificiales, y a las diez principió a tocar en el Zócalo una banda militar. A la madrugada de hoy, las bandas militares recorrieron las calles de la ciudad anunciando el primer día del año del Centenario.[1]

Asimismo, en la sección editorial de *El Imparcial*, se hacía una reflexión acerca de lo que el gobierno quería (y debía) proyectar en el ánimo popular:

Hemos entrado en el año del Centenario, después de un 1909 muy ingrato, muy pesado, muy lento en su transcurso, que trajo grandes catástrofes mundiales, graves trastornos y que aquí en nuestra república donde se han ido elaborando con mucho esfuerzo y mucho sufrimiento los materiales de una patria próspera y fuerte, se ha dejado sentir con inusitada intensidad en forma de hechos reveladores de que aun precisa vigilar los grandes bienes alcanzados por un hombre de energía amplia y poderosa. Si de esa larga etapa anárquica, el periodo triste y doloroso en el que hasta los más creyentes se creían autorizados para dudar de la viabilidad del joven estado, la breve existencia nacional queda reducida casi al corto intervalo en que México comenzó a desarrollar sus elementos de existencia [...] la conciencia de la nacionalidad. Será un año que hablará del porvenir.[2]

Por si lo anterior no fuera suficiente, en esa misma entrega aparecieron desplegados de las grandes firmas comerciales felicitando a la nación y a los mexicanos por el inicio de ese año tan especial.

Desde hacía meses, no sólo los periódicos destacaban el inminente arranque de las conmemoraciones: esa línea edito-

61. Vista general de la exposición de cuadros en la Academia de San Carlos, en el marco de los festejos.

rial también marcó a las publicaciones semanales o mensuales, como *El Mundo Ilustrado* que en aquella semana invitó a sus lectores a visitar la exposición del pintor Alfredo Ramos Martínez en la Escuela de Bellas Artes y que, en su primera edición del mes de septiembre, publicó un encabezado que no deja espacio para la duda: "Hemos llegado, por fin, al suspirado mes de septiembre".[3]

Sin embargo, en algunos casos, también había suspicacias sobre el futuro. Por esta causa, no resulta casual que el primer día de 1910 Federico Gamboa haya anotado lo siguiente en su diario:

> [...] aquí que nadie me oye, he de decir que, en su cerrazón impenetrable de futuro como que medio diviso en sus negruras fulgores de relámpagos [...]. El general Díaz ya está muy viejo, y aunque lo pretendiese, no le sería dable conculcar las leyes naturales, las inexorables que hacen que en la extrema vejez, se yerre y se claudique [...]. Hay en el aire muchos odios contra su prolongada administración, aunque nadie se atreva a regatearle su probidad ejemplar, su artritismo acendrado, lo austero de su vida y su sabiduría salomónica para gobernarnos [...] Bah, desechemos las inoportunas agorerías y sigamos viviendo. Me llaman de la mesa, donde humea el ponche familiar y el pavo con castañas huele a gloria.[4]

Aunque Gamboa miraba negruras, en el país todo era fiesta, espíritu celebratorio, y el gobierno aprovechaba el ánimo y la confianza que la sociedad había depositado en Porfirio Díaz. En efecto, 1910 era un año más en el calendario porfirista que no avizoraba el menor indicio de un resquebrajamiento de la paz, a pesar de que las elecciones presidenciales aún eran un misterio, una confusión y un riesgo. En aquellos momentos, se pensaba que el orden establecido se mantendría a pesar de la posible muerte de Díaz, quien estaba a punto de festejar su cumpleaños número 80. El mismo Francisco I. Madero lo había dicho con claridad:

[...] comprendí que no debíamos ya de esperar ningún cambio al desaparecer el general Díaz, puesto que su sucesor, impuesto por él a la República, seguiría su misma política [...].[5]

La salud de la República estaba unida a la personalidad y el papel protagónico que, durante más de treinta años, había tenido el presidente Díaz. Por esta causa, los textos oficialistas no ahorraban palabras para subrayar el estado convulso en el cual se desarrolló el siglo XIX, pues ellos también hacían cuanto estaba a su alcance para mostrar a Porfirio Díaz como el pacificador y responsable del avance material del país.

Así, la prensa estaba convencida de que no bastaba con decir esto a la nación, pues era necesario organizar los festejos de modo tal que el mundo supiera que Porfirio Díaz era el creador del nuevo México. La frase publicada en *El Imparcial*: "será un año que hablará del porvenir", mostraba que la intención no era sólo conmemorar el pasado, sino insistir en demostrar que el país tenía rumbo y futuro.

Don Porfirio, el progreso y los "revolucionarios"

Cuando se iniciaron los festejos del Centenario, la lealtad de la clase política hacia Díaz aún no tenía fisuras evidentes, sólo su rompimiento con Bernardo Reyes nublaba el panorama. Por esta razón, los rituales políticos continuaron sin variación: el besamanos de año nuevo —el cual se realizaba en Palacio Nacional— se llevó a cabo sin contratiempos y fue reseñado por *El Imparcial* con palabras rimbombantes, pues a él acudieron "los representantes de todos los poderes, intereses y clases sociales", quienes estaban convencidos de que "ya está consagrada la obra del Señor General Díaz; [en la medida de que ya] pasó del período de ser discutida y entró serenamente en la historia".[6]

Todos los discursos que se pronunciaron esa mañana de enero reconocieron las virtudes del régimen y su presidente. Las palabras del presidente del Círculo Nacional Porfirista —al

62. Retrato de Porfirio Díaz con la banda presidencial. Óleo sobre tela.

igual que las que leyó el ministro de Cuba a nombre del cuerpo diplomático— si bien hicieron alusión a las dificultades que se enfrentaron el año anterior (el cual estuvo caracterizado por la baja del precio de la plata, la crisis económica mundial, la reforma monetaria y la nacionalización de los ferrocarriles) tam-

63. El general Manuel González de Cosío, secretario de Guerra y Marina.

bién asumieron que a México, bajo la guía de Porfirio Díaz, le esperaba un futuro marcado por la paz y el progreso. Exactamente lo mismo ocurrió con los oradores que cerraron el acto: el general González de Cosío, que habló a nombre del ejército y la marina, y el presidente de la Suprema Corte, que tomó la palabra como representante del Poder Judicial.

En aquellos días, la única alusión a "revolucionarios" se refería al presidente Zelaya, quien había sido derrocado en diciembre de 1909 debido a la presión que ejercieran los revolucionarios y el gobierno de Estados Unidos. La revolución era un asunto que sólo ocurría en Nicaragua.

64. José Santos Zelaya, presidente de Nicaragua, de tendencia liberal.

Las noticias sobre Francisco I. Madero eran escasas: el 5 de enero, en las páginas interiores de *El Imparcial*, se comentaba que "la jira [*sic*] de los Madero [...] llegó hoy a las cuatro y media de la tarde" a Culiacán, pero sus seguidores sufrieron "un chasco formidable", pues sólo "diez o doce se acercaron a recibirlos". Como resultado de esto, el periodista vaticinaba que "la peregrinación maderista será un verdadero camino del fracaso". Así, aunque *El Imparcial* siguió los pasos de Madero, siempre trató de minimizar su presencia, ya que —según sus artículos— en Álamos, sólo hubo "discursos tontos" y únicamente "lo recibió Maytorena, [el] gobernador de Sonora [...] quien no pierde oportunidad de ofender al decir que: 'quien por herencia es político, [es un] fracasado'".[7]

65. Francisco I. Madero y Francisco Vázquez Gómez en su campaña electoral.

EL DÍA A DÍA

Al iniciarse 1910, la vida de los mexicanos tampoco experimentó ningún sobresalto. Los periódicos destacaban la importancia de la carrera de automóviles que se llevó a cabo entre la ciudad de México y Puebla, subrayando que la inscripción tuvo un costo de cincuenta pesos y que el triunfo lo obtuvo Ángel Pinal e Icaza.[8]

Los meses continuaron su flujo hasta septiembre y en la prensa se anunciaban los más variados servicios y productos: Gayosso ofertaba sus servicios fúnebres por ferrocarril,[9] mientras El Buen Tono afirmaba que los suyos eran "los más exquisitos cigarros hasta hoy conocidos".[10] Para aquéllos cuyas fuerzas estuvieran agotadas, el elixir de coca de J. Baine los reanimaría "rápida y maravillosamente".[11] En aquellos días, los periódicos publicaron los anuncios donde J. B. Ebrard y compañía ponían a la venta para el Centenario "sedas estilo *cachemire*, lanas, adornos para vestidos, sombreros, enaguas de seda, guantes y sombrillas japonesas".[12]

Asimismo, en aquellos días, los periódicos publicaron los anuncios en los que el almacén El Puerto de Veracruz ofrecía los atuendos más adecuados para las celebraciones: corbatas de cincuenta centavos, camisas blancas de 4.50 pesos y zapatos de 12.75 pesos.[13] Los precios de las banderas también fueron recogidos por la prensa: las mexicanas que medían de 1.90 a dos metros costaban 28 pesos; en una cantidad muy semejante se vendían las de los países que estarían representados en las fiestas. Los lábaros más populares —además del mexicano— eran el estadounidense, el español, el francés, el inglés, el italiano y el alemán.

66. Publicidad del almacén "El Puerto de Veracruz".

En su edición del 11 de febrero, *La Semana Ilustrada* dio noticia de algunas de las actividades que la sociedad emprendía para celebrar el Centenario:

En el Tívoli del Eliseo tuvieron lugar los días sábado y domingo últimos, varias fiestas organizadas por las sociedades mutualistas de la capital, con el objeto de hacer fondos para celebrar el Centenario de nuestra Independencia. Estas fiestas consistieron en juegos deportivos, audiciones musicales, bailes y dos romerías.

Al mediar el día llegó el señor vicepresidente de la República, don Ramón Corral, para asistir al banquete que había sido preparado en su honor.[14]

También, en marzo de aquel año comenzaron a publicarse las primeras noticias vinculadas con la llegada de los representantes del extranjero, justo como ocurrió en la edición del día 13 de la revista *El Mundo Ilustrado,* cuya portada estuvo dedicada a la bienvenida del embajador estadounidense, Henry Lane Wilson, quien representaría a su país en las conmemoraciones de la Independencia.

LOS PERSONAJES DEL CENTENARIO: HENRY LANE WILSON

Embajador de Estados Unidos que permaneció en México de abril de 1910 a 1914. Asumió el cargo pocos meses antes de las fiestas del Centenario y formó parte de la delegación de su país que actuaba bajo la dirección de Charles Guild. Mantuvo excelentes relaciones con el gobierno de Díaz, aunque dejaba actuar a los movimientos revolucionarios que desde la frontera americana enviaban armas a México. Su indisposición contra Madero lo llevó a ser uno de los protagonistas de la Decena Trágica, que culminó con la muerte de Madero y Pino Suárez. Woodrow Wilson lo relevó de su cargo en 1914.

México se preparaba para los festejos y, aunque para los más jóvenes ésta parecía ser la primera celebración, las fiestas para conmemorar la Independencia ya eran dueñas de una tradición que bien vale la pena recordar.

67. Henry Lane Wilson, embajador de Estados Unidos.

Las primeras celebraciones

Desde fechas muy cercanas al levantamiento en armas de Miguel
Hidalgo, los mexicanos comenzaron a celebrar el inicio de la
Independencia en distintas partes del país. En 1812, en Huicha-
pan, a instancias de la Suprema Junta Nacional Americana que
encabezaba Ignacio López Rayón, se recordó por vez primera
el inicio de la lucha, por lo cual publicó un manifiesto que lla-
maba la atención sobre la importancia de la fecha y la gesta.

Durante la década de 1820, los festejos adquirieron una
nueva fisonomía: en algunos casos, una Junta Cívica designaba
a los ciudadanos que se encargarían de pronunciar los discursos
y los elogios patrióticos durante el mes de septiembre. Pero no
fue sino hasta después de la promulgación de la Constitución
de 1824, cuando el Congreso decretó que el 16 de septiembre
sería una fiesta nacional,[15] la cual sería organizada por una Junta
Patriótica integrada por voluntarios. La junta se renovaría cada

año y estaría a cargo de las finanzas, la administración y el ceremonial que se replicaría en los estados, ciudades y pueblos de
la nación.

68. La tradición de celebraciones cívicas estaba arraigada en México desde el siglo
XIX. *Celebración cívica en la alameda*, óleo anónimo del siglo XIX.

En los primeros años del México independiente, la gesta del
cura Hidalgo se celebró en la Alameda de la ciudad de México:
éste era el espacio público que podía agrupar al mayor número
de personas en la capital del país. Para la primera celebración
formal, se previó una gran asistencia y, con el fin de evitar desórdenes a causa del reciente fusilamiento de Agustín de Iturbide,
el gobernador del Distrito Federal emitió un bando que fue conocido como el *Legajo de fiestas*, en el cual se señalaba que,

[…] queriendo una reunión de ciudadanos desahogar los senti-
mientos patrióticos que los animan con motivo del aniversario del
primer pronunciamiento de nuestra Independencia, mando celebrar los 16 de septiembre de cada año […]. [Para este año se] ha
dispuesto […] una función cívica, invitando, para mayor lustro,

decoro y brillantez, al Exmo. Ayuntamiento y a este gobierno [...].
A fin de [que] en los regocijos patrios [...] no se mezclen los desórdenes que pudieran oscurecer la brillantez de la festividad, se
dispuso que en la mañana, tarde y noche [...] se adornarán las calles y balcones con cortinas, flámulas y gallardetes, procurando que
cada ciudadano diera una prueba de entusiasmo, que en la noche
se iluminen las casas y calles [...] [al tiempo que] se prohíba la
venta de licores embriagantes desde las oraciones de la noche [...]
y que concluida a la hora acostumbrada la serenata y los fuegos
artificiales [...] se prohíben [los] alborotos, y cualquier ocurrencia
que pueda perturbar el orden y sosiegos públicos.

Cabe señalar que estas fiestas estuvieron a punto de cancelarse:
en esos días se inició una epidemia de sarampión que obligó a
que el ayuntamiento planteara a la Junta Patriótica la posterga-
ción de la celebración por unos días, y se propuso que —en lugar
del 16— la celebración se realizara el 27, fecha de la entrada de

69. Teatro Nacional de México, en donde se celebraban gran parte de las fiestas conmemorativas de la Independencia en el siglo XIX.

96

Iturbide a la ciudad de México. El presidente Guadalupe Victoria no aceptó la propuesta e instruyó que se emitiera el bando antes mencionado con el fin de evitar desórdenes. En provincia, los festejos también se fueron consolidando en aquellos años, por ejemplo: en Celaya, en 1823, se construyó el primer monumento dedicado al inicio del movimiento de Independencia.

Durante los siguientes años, la Junta Patriótica continuó organizando el festejo que casi siempre se prolongaba con los actos religiosos que se llevaban a cabo al día siguiente, por lo cual, poco a poco, la fiesta se fue trasladando al 15 de septiembre. Hasta mediados del siglo XIX, se festejaban dos fechas: la de inicio y la de la consumación de la Independencia. Los liberales tomaron la figura de Hidalgo como estandarte y los conservadores hicieron lo propio con Iturbide.

La fiesta no se interrumpió en 1847, a pesar de que, desde el día anterior, ondeaba la bandera estadounidense en Palacio Nacional. En la década de 1850, los festejos se trasladaron al Teatro Nacional y fueron acompañados con misas y *tedeums* que se celebraron al día siguiente de la fiesta cívica. Incluso, durante la invasión francesa, Maximiliano de Habsburgo se trasladó en 1864 a Dolores y, a las once en punto de la noche, en la ventana de la casa del padre Hidalgo, leyó un discurso en el que elogiaba al Padre de la Patria y hacía un llamado a "la unión y la concordia". Sin embargo, después de haber vitoreado a México, Maximiliano lanzó algunos vivas a Napoleón III, el artífice de la invasión. En este mismo año —1864— el presidente Juárez, en la Noria Pedrizeña en Durango, pronunció un discurso que sólo fue antecedido por las palabras de Guillermo Prieto. Ellos, los liberales, en pleno campo traviesa, no tenían más compañía que la oscuridad de la noche, su dignidad y unos cuantos seguidores que se cobijaban del "frío que pelaba", según lo narró él mismo.

La formulación de la ceremonia cívica en el Zócalo que permanece hasta nuestros días se inició 1896, cuando se trasladó la campana del templo de Dolores a Palacio Nacional.[16]

70. La Campana de la Independencia poco antes de ser trasladada a Palacio Nacional.

Así, en los siguientes años, la fiesta tomó un carácter más popular, sobre todo en los eventos de la plaza de la Constitución —llamada así desde 1812, en honor a la Constitución de Cádiz—, los cuales eran distantes de las recepciones oficiales que se llevaban a cabo en Palacio Nacional. Además del tradicional grito, se realizaban procesiones cívicas, desfiles, funciones gratuitas en los teatros y, en la noche, paseos en el Zócalo, acompañados por fuegos artificiales. Con los años se añadieron carreras de sacos y velocípedos que hacían la diversión de los jóvenes; asimismo, había carreras de patos, gallinas y guajolotes. Además de estas competencias y atracciones, en la plaza se bebía pulque, chinguirito, colonche y chicha, y la gente gritaba contra los gachupines y los mochos, mientras lanzaba vivas a la Virgen de Guadalupe.

En aquellos días, las calles se engalanaban con papelitos de colores y coronas de laurel; se disparaban salvas y cohetes, y la música se hacía presente en los paseos públicos, en el hipódromo de la Piedad, el Teatro Nacional y el Tívoli del Eliseo. Las fiestas atraían, desde mediados de los años ochenta del siglo XIX, a más de 30 000 personas.

En 1900, con motivo del cambio de siglo, hubo pirotecnia, juegos acrobáticos y una serenata a Porfirio Díaz frente a Palacio Nacional que señaló el fin de la fiesta. Sin embargo, en 1909, la celebración lució desanimada. Desde 1907, una situación económica adversa había afectado a México y la atención se concentró en los festejos que se llevarían a cabo el año siguiente. Dijo Alfonso Reyes que "en aquella ocasión, flotaba el rumor de que ese año ya no se celebraría con festividad pública y grito desde los balcones de Palacio Nacional, la fecha del 15 de septiembre".[17] Sin embargo, como siempre ocurre con el ánimo festivo nacional, la expectativa se abrió y se anunció que, para 1910, llegarían 100 000 visitantes extranjeros y 900 000 nacionales.

Las fiestas del Centenario tenían que organizarse con la mayor pompa posible: de ellas dependía que el México de Porfirio Díaz pudiera mostrarse como una nación moderna, pacífica y dispuesta a adentrase en el progreso. Por esta razón, los organizadores de la conmemoración consideraron más que prudente analizar los grandes fastos que se habían llevado a cabo en otros países, sobre todo en Francia.

Del otro lado del mar

Las exposiciones internacionales que se realizaron en los últimos años del siglo XIX y los primeros del XX fueron el principal antecedente de la magnificencia que se pretendía alcanzar en las fiestas del Centenario. Efectivamente, estas exposiciones mostraban los avances tecnológicos y la supremacía material de las potencias, al tiempo que abrían la posibilidad de atraer inversiones para los países participantes.

En 1889, la asociación del primer aniversario de la Revolución francesa y la celebración del progreso dio paso a la expo-

71. Vista de la Torre Eiffel inaugurada en la Exposición de París.

sición mundial que se convirtió en la mejor referencia para los festejos de 1910. El éxito que lograron los franceses en su exposición se reflejaba en la inauguración de los monumentos y edificios que transformaron el paisaje urbano y permitieron dejar atrás la derrota que sufrieron frente a los alemanes en 1870, y lo mismo ocurrió con los desórdenes de la Comuna y la caída del imperio de Napoleón III; todos estos acontecimientos quedaron sepultados en el pasado gracias al fasto de la exposición. Incluso, en aquellas fiestas se inauguró la Torre Eiffel que —después de decidir que no se desmontaría al terminar la muestra— se convirtió en el símbolo de París.

La feria mundial de esa ciudad fue la más grande de todos los tiempos. Sin embargo, algunas monarquías la boicotearon de manera indirecta al no participar oficialmente: su ausencia era una protesta contra el regicidio ocurrido un siglo antes, lo cual fue aprovechado por varios países latinoamericanos para estar presentes y mostrar, por primera vez en un escenario in-

72. Pabellón Mexicano en la Exposición Universal de París.

ternacional, sus enormes riquezas naturales y ventajas competitivas.

Porfirio Díaz propició que México participara en la Exposición Universal de París. Las razones de su decisión son fáciles de explicar: él estaba impresionado por la exposición que se llevó a cabo en Nueva Orleans en 1884, a la cual asistió México con un pabellón de arquitectura ecléctica que recreó un palacio azteca y que fue diseñado por los arquitectos Anza y Peñafiel, quienes utilizaron los materiales más modernos para su construcción (hierro y aleaciones). En el exterior del pabellón, había doce altorrelieves en bronce, que fueron realizados por el escultor Jesús Contreras con los retratos de los reyes aztecas. Asimismo, en esa construcción, se colocaron seis grandes figuras para personificar los acontecimientos fundamentales de la antigua historia mexicana hasta la conquista de Cortés.

En 1884 existía la necesidad de mostrar que México era un país en progreso y cargado de historia, por eso se presentaba la

101

imagen del mundo prehispánico que vendía exotismo a los países europeos, al tiempo que destacaba sus singularidades y atractivos para la inversión. Un hecho que le daba legitimidad al gobierno de Díaz, pues hacía casi lo mismo que los países europeos que construían una ideología nacionalista.

Ése fue, sin duda, un antecedente de la visión internacional con la cual Porfirio Díaz quería proyectar a México en la inminente conmemoración. Efectivamente, el gobierno porfirista deseaba mostrar el progreso que había alcanzado, así como cambiar la impresión de que México era un país marcado por las guerras civiles, la violación de derechos ciudadanos y sólo habitado por exóticos salvajes. No olvidemos que las exposiciones permitían evaluar el pasado y crear una nueva imagen de las naciones, siendo fundamental para México presentar su exotismo y ventajas para la inversión.

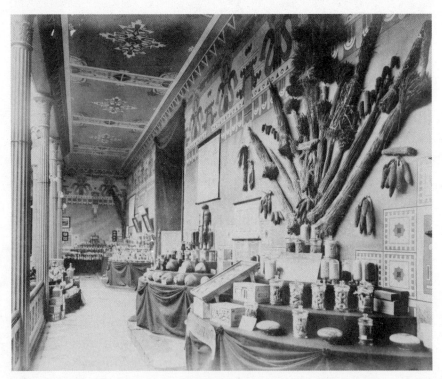

73. Interior del Pabellón Mexicano en la Exposición Universal de París.

Sin embargo, las exposiciones eran efímeras. ¿Por qué no podían las ferias mundiales convertirse en la realidad permanente en todos los países participantes? Las ferias contenían en sí mismas una contradicción: eran presente y futuro, mostraban los anhelos y metas de los países que asistían. Pese a esto, "las exposiciones mundiales eran —en palabras del secretario porfiriano Manuel Fernández Leal— la oportunidad para México de figurar en el conjunto admirable de países, que fraternizando en ideales, en ambiciones y en tendencias, marchan unidos a la vanguardia del progreso".[18]

Así, una vez que la experiencia internacional se hizo presente, el gobierno porfirista inició la preparación de las fiestas del Centenario.

LOS GRANDES RESPONSABLES

Con el fin de dar forma al amplísimo proyecto político que se denominaría "Programa del inicio del Centenario de la Independencia nacional en el año de 1910", el 1 de abril de 1907 Porfirio Díaz ordenó la creación de la comisión que se encargaría de los festejos y publicó un documento que, en una sola frase, sintetizaba su propósito: "el primer Centenario debe denotar el mayor avance del país con la realización de obras de positiva utilidad pública y de que no haya pueblo que no inaugure en la solemne fecha, una mejora pública de importancia".[19]

La comisión creada por Díaz fue constituida por: Guillermo de Landa y Escandón, Serapión Fernández, Romualdo Pasquel, Fernando Pimentel Fagoaga, Eugenio Rascón, Rafael Rebollar, Carlos Rivas, Manuel Vázquez Tagle y José Casarín. Además, para su operación, contaba con el apoyo de cinco secretarías: Instrucción Pública y Bellas Artes y de Relaciones Exteriores, cuyo titular era Ignacio Mariscal, mientras que Justo Sierra era el titular de la primera. Las otras secretarías que se involucraron fueron Hacienda, Gobernación y Guerra y Marina.

74. Guillermo de Landa y Escandón con funcionarios en camino a un evento con motivo de las fiestas del Centenario.

LOS PERSONAJES DEL CENTENARIO:
GUILLERMO DE LANDA Y ESCANDÓN

Hombre de gran fortuna y relevante posición social, en 1907 fue designado por Porfirio Díaz como presidente de la Comisión Nacional del Centenario de la Independencia. Su gestión como gobernador de la ciudad de México y operador político de Díaz le permitió ser un eficiente organizador de la mayoría de los múltiples eventos celebrados en la capital. Fue uno de los pocos miembros de la comisión que no murió en el cargo o renunció por motivos de salud. En su residencia se alojó la delegación española.

La *Memoria de los trabajos emprendidos y llevados a cabo por la Comisión Nacional del Centenario de la Independencia designada por el presidente de la República el 1 de abril de 1907* recoge el espíritu de la conmemoración con estas palabras:

El Presidente estima que si bien es cierto que la celebración del Centenario debe ser esencialmente un movimiento popular y nacional, por lo cual es dejar ancho campo a las iniciativas y manifestaciones patrióticas en todas las clases sociales, también al gobierno corresponde tomar una parte importante y, en consecuencia, espera que la Comisión Nacional tendrá presente esta consideración al acordar las solemnidades y festejos que hayan de organizarse, al mismo tiempo que procurará dar conveniente dirección y unidad a las manifestaciones particulares.

Asimismo, se invitó a gobernadores, jefes políticos y personas influyentes para que se sumaran a la organización. Como resultado de esto se crearon 31 comisiones centrales, 298 de distrito y 1 440 municipales, que sumaban 1 769 comisiones del Centenario en las cuales participaron 17 735 personas. Para lograr lo anterior, la Comisión Nacional llevó a cabo 70 sesiones y giró 2 240 oficios.

Incluso, muchos ciudadanos ajenos a estas instituciones se presentaban ante la Comisión Nacional para exponer sus proyectos, aunque "muchos de ellos eran irrealizables o resultaban absurdos".[20] Al poco tiempo se empezaron a recibir propuestas. Las únicas rescatables y dignas de mencionar fueron la que hizo una señorita Mina González Salas, quien planteaba que cada mujer pudiera adoptar un analfabeto a fin de enseñarlo a leer y escribir, y otra anónima con el objeto de realizar un reconocimiento a dos precursores de la Independencia: fray Melchor de Talamantes y Francisco Primo de Verdad.

Así, tras conocerse esta iniciativa, *El Imparcial* publicó una noticia que bien vale la pena transcribir casi por completo:

El Centenario de la Independencia
Gran Comisión Nacional
Habrá fondos suficientes para emprender los trabajos

Seguramente que los festejos con que han de ser celebrados el próximo Centenario de nuestra Independencia han de ser extraordinarios, y para ellos hay que prepararse con anticipación. El gobierno ha llamado la iniciativa y acaba de nombrar una Gran Comisión para que se ocupe en organizar los trabajos, enviando a las personas agraciadas la siguiente comunicación que da idea exacta del deseo de nuestro Primer Magistrado.[21]

De esta manera, con la clara intención política de crear una dinámica orientada a esperar unas magnas fiestas, a los pocos días el mismo diario informó que, al iniciar "labores la comisión" cada estado quedaría obligado a "hacer una obra de bien público".[22] Así, a partir de 1907, se publicó cuando menos una nota diaria sobre la organización de las fiestas del Centenario y en todas ellas se subrayó que los festejos debían tener el "amplio carácter popular", al tiempo que se realizaran "eventos que revelaran al mundo los adelantos que había logrado el país".[23] Por supuesto que se enfatizó la inauguración de obras materiales, las cuales se convertirían en "el recuerdo de la celebración".[24]

Unos cuantos días después del banderazo oficial, los miembros de la comisión se reunieron en casa de Landa y Escandón con el fin de iniciar sus trabajos. El primer documento que prepararon tenía por objetivo desarrollar las ideas que deberían guiar al organismo recién creado, mientras que discutían el carácter que debería darse a la conmemoración y al porqué de la misma. Aparentemente, todo marchaba viento en popa. Sin embargo, una tónica de la organización fue la muerte o renuncia de los integrantes de la Comisión Nacional. La primera renuncia —ocurrida a los pocos días de su formación en 1907— fue la de uno de sus vocales: Manuel Vázquez Tagle quien fue sustituido por el respetado pedagogo Porfirio Parra.

Tras la primera renuncia, se encomendó a los sobrevivientes de la Comisión Nacional —Francisco Barroso, Rafael Rebollar y José Casarín— la redacción de las bases generales que debían guiar los trabajos en lo referente a su organización, periodicidad de las reuniones, mecanismos de información al presidente de la República a través de la Secretaría de Gobernación, así como

75. Porfirio Parra, miembro de la Comisión Nacional del Centenario de la Independencia.

los mecanismos que propiciarían la participación de la ciudadanía, de los gobernadores, los jefes políticos y, sobre todo, de la prensa. Por último, las bases debían incluir a la creación de comisiones centrales en los estados, distritos y municipios.

LOS PERSONAJES DEL CENTENARIO: JOSÉ CASARÍN

Existe poca información sobre su vida y obra: fue secretario ejecutivo de la Comisión Nacional que tuvo a su cargo la coordinación de gran parte del programa. Fue el responsable directo del desfile histórico del 14 de septiembre que mostró la visión conciliadora que de la historia mexicana tenía el porfiriato.

Unas semanas más tarde, el 20 de junio de 1907, la Comisión Nacional publicó una "Excitativa", cuya lectura muestra con precisión la idea de país que tenían los personajes afines al gobierno, la manera en que entendían la historia —en particular el movimiento de Independencia— y, sobre todo, el modo como debían participar los mexicanos:

La Comisión Nacional del Centenario de la Independencia al pueblo mexicano:

Próxima ya la fecha del 15 de septiembre de 1910, en que se cumplirán cien años de haberse proclamado la Independencia de la Nación Mexicana, ante semejante expectativa no podía permanecer indiferente un gobierno que, como el que hoy rige nuestros destinos, ha sabido levantar tan alto los prestigios de la República. Por tal motivo sin duda, el esclarecido patricio y sabio gobernante que es hoy el supremo Magistrado de México, dictó, con la oportuna anticipación que el caso requiere, el acuerdo encaminado a organizar los trabajos preparatorios de la solemnidad y fiestas con que debe celebrarse tan fausto aniversario; y al efecto, designó a un grupo de ciudadanos de buena voluntad y amantes de su patria para que, constituidos en junta con el nombre de Comisión Nacional del Centenario de la Independencia, de la conveniente unidad y dirección a cuantas labores se emprendan con el indicado propósito, por todos los ámbitos de la República.

Toca en suerte a la actual generación vivir en el primer aniversario secular de aquel acontecimiento histórico, que marcó la inquebrantable resolución de la Nueva España de hacerse independiente de la antigua Metrópoli, de ser gobernada por sus propios hijos y de constituirse en Nación libre y árbitra de sus destinos […]

Si año con año conmemoran los ciudadanos de la República, patrióticamente unidos a los Poderes Públicos, la fecha de aniversario de ese glorioso, con mucho mayor motivo deberá ser celebrada su secular conmemoración con todo el impulso de nuestro civismo y toda la magnificencia de un pueblo libre.

No se trata de las ideas de una parcialidad política, ni de los sucesos que despiertan memorias luctuosas para algunos de nuestros compatriotas, ni que recuerden disensiones entre hermanos; sino de la solemnidad del común hogar, de la fiesta de la gran familia mexicana.

Hoy que la República no atraviesa por ninguno de aquellos acia-
gos períodos con que más de una vez fue probada durante la pasada
centuria; hoy que nada surge que pueda causarnos inquietudes ni
zozobras; que la paz pública —don apreciable de los pueblos— se
arraiga cada día más en nuestro suelo; que el trabajo agrícola, mi-
nero, industrial y mercantil crecientemente prosperan, difundiendo
el bienestar hasta los más remotos confines de nuestro territorio;
que cuantiosos capitales afluyen al mismo; que se inauguran grandes vías interoceánicas e internacionales; que se multiplican los
establecimientos de enseñanza; que el ciudadano goza de las liber-
tades civiles; que nuestro gobierno es respetado por su crédito en
el mundo financiero, y en el orden social por su honrada labor de
progreso; hoy, en fin, que logramos tal suma de inapreciables bienes, merced a una acertada administración pública, a quien secunda
el buen sentido del pueblo, y que para nuestro país todo es lison-
jero, motivos hay de sobra para esperar que todas las clases sociales
estén prontas y dispuestas a tomar parte en los regocijos con que
ha de ser solemnizado el gran aniversario.[25]

Asimismo, se hizo una invitación a la población para lograr la
mayor contribución con el fin de contar con los recursos necesarios para llevar a cabo las fiestas en todo el país. Se dijo que
los recursos federales se concentrarían en las obras públicas.
Por esta razón, se definió la línea de trabajo por la cual el gobierno se encargaba de las construcciones y la infraestructura,
mientras que los particulares complementarían los gastos. Para
tal efecto, se comisionó a algunos de sus miembros a realizar lo
que ahora se llama "recaudación de fondos". Esto quedó consig-
nado en la edición del 16 de enero de *El Imparcial,* en la que "se
anunció la creación de seis comisiones y designó a otros tantos
de sus miembros encargados de colectar fondos" a través de una
serie de subcomisiones.

**SUBCOMISIONES ENCARGADAS DE LA RECAUDACIÓN
DE FONDOS PARA LAS FIESTAS DEL CENTENARIO**

Ferrocarriles y compañías mineras
Bancos, alto comercio e industria
Tribunales militares y oficinas dependientes de la Secretaría
    de Guerra y la Guarnición de México
Propietarios
Escuelas profesionales y Dirección General de Instrucción Pública
Funcionarios y empleados del ramo judicial federal y local
Casinos, clubes y hacendados
Comercio al por menor
Profesionistas
Senadores, diputados y empleados de la administración
    pública federal

Cada una de ellas quedó a cargo de un miembro de la Comisión Nacional: una vez más estaba clara la estrategia de incorporar y agrupar a las "clientelas" gracias a un intermediario adecuado, pues los integrantes de la Comisión Nacional mantenían contacto con grupos específicos; por ejemplo: Porfirio Parra tenía el respeto de la "inteligencia nacional", mientras que Pimentel y Fagoaga contaba con importantes nexos entre los empresarios.

Para facilitar estas tareas, la Secretaría de la Comisión Nacional repartió talonarios en los cuales se precisaría el monto de la contribución al tesorero de la Comisión Nacional, quien —bajo el concepto de beneficencia pública— informaría a la Secretaría de Gobernación el destino de los recursos. Asimismo, como resultado de una suscripción pública de apoyo para la realización de los eventos, se logró recaudar 31 643.84 pesos. Cabe señalar que nunca se hizo alguna reclamación por mal uso de los fondos, incluso tomando en cuenta la llegada al poder de gobiernos contrarios al régimen porfirista.

LAS BAJAS EN LA COMISIÓN

A pesar de los avances de la Comisión Nacional, las bajas no terminaron en 1907. En un corto periodo murieron: Carlos Rivas, Francisco D. Barroso y Serapión Fernández, quienes fueron sustituidos por Pedro Rincón Gallardo, Ignacio Burgoa y Agustín M. Lazo. Poco tiempo después falleció Rincón Gallardo y lo sustituyó el teniente coronel Porfirio Díaz, el hijo del presidente de la República.

76. Porfirio Díaz y Porfirio Díaz hijo en celebraciones del Centenario.

Una de las bajas más importantes de la Comisión Nacional fue la de Ignacio Mariscal, secretario de Relaciones Exteriores en 1910, quien fue sustituido por Federico Gamboa. Tres acontecimientos estrictamente personales determinaron que, a partir de 1909, Gamboa asumiera las responsabilidades internacionales de las fiestas del Centenario: la enfermedad de Ignacio Mariscal, que lo llevó a la muerte en abril de 1910, su sustitución por Enrique C. Creel, y el fallecimiento de una de las hijas de Justo Sierra, que alejó al nuevo secretario por algunos meses

111

de la organización de los festejos, hasta que se reincorporó en septiembre (*vid.* recuadro).

CAMBIOS EN LA COMISIÓN NACIONAL (1907-1910)			
MIEMBRO	**ALTA**	**BAJA**	**CARGO**
Guillermo de Landa y Escandón	1 de abril de 1907		Presidente
Francisco D. Barroso	1 de abril de 1907	Por fallecimiento (antes de 1910)	Vicepresidente
Serapión Fernández	1 de abril de 1907	Por fallecimiento (antes de 1910)	Tesorero
Romualdo Pasquel	1 de abril de 1907		Vocal
Fernando Pimentel y Fagoaga	1 de abril de 1907		Vocal
Eugenio Rascón	1 de abril de 1907		Vocal
Rafael Rebollar	1 de abril de 1907		Vocal
Carlos Rivas	1 de abril de 1907	Por fallecimiento (antes de 1910)	Vocal
José Casarín	1 de abril de 1907	Se retiró por dos años debido a una enfermedad y tras recuperarse asumió las funciones de secretario y tesorero.	Secretario y tesorero

Manuel Vázquez de Tagle	1 de abril de 1907	4 de abril de 1907	Vocal
Porfirio Parra	6 de abril de 1907	Miembro en 1910	Vocal
Pedro Rincón Gallardo	Para sustituir a Francisco Barroso, Serapión Fernández y Carlos Rivas (después del primer nombramiento en 1907)	Por fallecimiento (en 1909)	Vocal
Ignacio Burgoa	Para sustituir a Francisco Barroso, Serapión Fernández y Carlos Rivas (después del primer nombramiento en 1907)		Vocal
Agustín M. Lazo	Para sustituir a Francisco Barroso, Serapión Fernández y Carlos Rivas (después del primer nombramiento en 1907)		Vocal
Porfirio Díaz (h)	En 1909, tras el fallecimiento de Pedro Rincón Gallardo		Vocal

La enfermedad de Mariscal permitió que Federico Gamboa asumiera la titularidad de Relaciones Exteriores por unos días, aunque desde varios meses antes ya asistía a sesiones de gabinete y, en el desfile del 2 de abril, había acompañado a Porfirio Díaz en el balcón central de Palacio Nacional. La relación de Gamboa con Mariscal era estrecha —lo que no le ocurrió al escritor con Creel— y ella quedó perfectamente delineada en la anotación que el autor de *Santa* hizo en su diario el 14 de abril: "yo no he cesado de visitarlo a diario, aun dos y tres veces al día […] porque era mi deber tenerlo al tanto de lo que ocurría en el ministerio que es a su cargo y que ¡ni un solo instante! dejo de conducir sabia y honradamente".[26] Mariscal murió dos días más tarde. Esa misma mañana, Gamboa fue convocado por Díaz al Consejo Extraordinario de Ministros y lo sentó a su derecha, un hecho que lo convertía —de acuerdo con la Constitución de 1857— en jefe de gabinete *de facto*. El primer asunto a resolver sería determinar el tipo de funerales que debía dársele a Mariscal.

PERSONAJES DEL CENTENARIO:
IGNACIO MARISCAL

Fue el iniciador del programa internacional de las fiestas del Centenario. Miembro fundador de la Comisión Nacional para la Conmemoración de la Independencia. Junto a Federico Gamboa delineó la estrategia diplomática para la convocatoria internacional que permitió tener por primera vez en México a los representantes de cerca de treinta países que presenciaron los eventos conmemorativos del Centenario.

77. Ignacio Mariscal, secretario de Relaciones Exteriores, fue el iniciador del programa internacional de las fiestas del Centenario y miembro fundador de la Comisión Nacional para la Conmemoración de la Independencia.

Díaz, siempre impasible, parecía emocionado esa mañana; sólo cambió de actitud cuando, al terminar la reunión y acordarse el protocolo que debería seguirse, "se rehusó —escribe Gamboa— a admitir mi propuesta de que el Secretario de Hacienda se entendiese con el ajuste y pago del suntuoso sepelio: 'usted correrá con todo, puesto que por la muerte de su protector y amigo, ha quedado [...] al frente del Ministerio'",[27] le dijo Porfirio Díaz a Federico Gamboa.

A los pocos días, en Chapultepec, Porfirio Díaz le preguntó súbitamente a Gamboa: "¿Cuál candidatura para Relaciones Exteriores: Joaquín Casasús o Enrique Creel?".[28] Sin titubeos, Gamboa se inclinó por el primero, pues consideraba que Creel tenía una peligrosa cercanía con los estadounidenses. El presidente, a los pocos días, se decidió por Creel, quien poco tiempo después tomó posesión del cargo. ¡Tan sólo ocho días Gamboa fungió como encargado del despacho!

Creel se involucró de inmediato en el control del programa oficial y nombró una comisión para diseñar el protocolo que buena falta hacía. Efectivamente, Creel asumió su papel con dignidad y profesionalismo. En casi todos los actos del mes de septiembre se le vio activo y fue orador en dos de los principales: el otorgamiento del nombre de Isabel la Católica a varias calles del centro de la ciudad de México y el que dio fin al programa oficial: la Apoteosis de los Héroes.

PERSONAJES DEL CENTENARIO: ENRIQUE C. CREEL

Fue embajador de México en Estados Unidos en 1906; organizó la famosa entrevista Díaz-Creelman y el encuentro del presidente William Taft con el presidente Díaz en la que fungió además como traductor. Como canciller, durante las fiestas de septiembre participó en todos los actos y en la etapa final de la organización del Programa Oficial a cargo de Federico Gamboa, con quien no desarrolló una buena relación. Sin embargo, su profesionalismo y eficacia le hicieron cumplir con gran dignidad su función.

78. Enrique C. Creel sustituyó a Ignacio Mariscal como secretario de Relaciones Exteriores. Durante los festejos fue uno de los secretarios con mayor participación.

A pesar del buen desarrollo de los trabajos conmemorativos, según la *Crónica oficial de las Fiestas del Primer Centenario de la Independencia de México,* de los miembros iniciales de la Comisión Nacional, prácticamente ninguno permanecía para 1910; los personajes habían renunciado o estaban muertos.

EL ORDEN DEL DÍA Y LOS DINEROS

Para mantener el orden y la disciplina en las celebraciones se organizó un programa que estaba a cargo de la Secretaría de Gobernación (que ocupaba Ramón Corral al mismo tiempo que la vicepresidencia de la República) y la propia Comisión Nacional. El programa establecía al miembro de esta última responsable de cada evento, lo cual evitaba la dispersión de los esfuerzos (*vid.* recuadro).

CELEBRACIÓN	FECHA	MIEMBRO DE LA COMISIÓN NACIONAL RESPONSABLE DEL ACTO
Procesión cívica	14 de septiembre de 1910	Eugenio Rascón
Desfile histórico Gran serenata en la Plaza de la Constitución	15 de septiembre de 1910	José Casarín
Funciones populares en teatros, salones de espectáculos, etc.	15 de septiembre de 1910	Romualdo Pasquel
Fuegos artificiales Ceremonia oficial de la conmemoración del grito de Independencia	15 de septiembre de 1910	Guillermo de Landa y Escandón
Gran paseo de antorchas	19 de septiembre de 1910	Fernando Pimentel y Fagoaga
Ceremonia en honor de Morelos, en la Ciudadela	21 de septiembre de 1910	Ignacio Burgoa
Bailes de invitación en algunos teatros y salones Bailes populares	23 de septiembre de 1910	Agustín Lazo
Torneo científico, literario y musical	27 de septiembre de 1910	Porfirio Parra
Apoteosis de los Héroes y soldados de la Independencia	30 de septiembre de 1910	Porfirio Díaz (hijo)
Homenaje a la Corregidora Domínguez	30 de septiembre de 1910	Rafael Rebollar

Así, después de varias versiones preliminares, el programa fue aprobado por Porfirio Díaz y publicado en el *Diario Oficial* el 1 de septiembre de 1910. Con el paso de los meses, el programa de la Comisión Nacional sufrió cambios y, hasta en el último día de las celebraciones, se repartieron cuadernillos que detallaban las variaciones. La *Crónica oficial*[29] recogió el desarrollo del programa y agrupó sus actividades en diez rubros:

- Participación de gobiernos y colonias extranjeras
- Homenajes de México a las naciones y representantes extranjeros
- Obras de beneficencia
- Festividades cívicas
- Festividades escolares
- Obras materiales
- Congresos, exposiciones y museos
- Concursos, conferencias y veladas literarias
- Fiestas sociales
- Fiestas militares

El programa era amplio en su temática y no dejaba nada al azar.

A pesar de que se llevaron a cabo muchísimas actividades, se puede decir que la acción se concentró en algunas de ellas: la inauguración de las obras públicas que subrayaban la modernización; el desfile histórico que mostraría la historia de México como un todo sin fisuras; la apoteosis de los héroes con la que culminaría el festejo y donde se daba cabida a tirios y troyanos; la fiesta del "grito", la inauguración de la Columna de la Independencia y, de modo muy especial, la presencia de delegados extranjeros en casi todos los eventos. Aunque a primera vista pudiera suponerse que los festejos sólo fueron preparados para unos cuantos privilegiados, un análisis detallado de las múltiples actividades nos permite aquilatar la participación de muy variados grupos sociales, pues cada sector fue atendido de modo especial.

Aunque los encargados de "recaudar fondos" habían tenido cierto éxito, los recursos parecían insuficientes y, para colmo de males, Limantour había salido de México desde junio de 1910 con el objetivo de negociar algunos empréstitos y atender una dolencia de su esposa en un balneario en Europa. Roberto Núñez quedó como encargado del despacho de Hacienda y no pasó mucho tiempo antes de que comenzara a preocuparse por los gastos excesivos, justo como se lee en una de las cartas que le envió a Limantour:

> No tiene Ud. por aquí novedad digna de mencionarse, sólo le advierto que va a Ud. a encontrar muy mermadas las existencias de la Tesorería, pues todos los Ministerios, especialmente Relaciones, Gobernación y, naturalmente, Instrucción Pública, se proponen gastar enormes sumas con pretexto del Centenario de la Independencia. El señor Sierra me dijo la otra noche, delante de los demás Ministros, que Ud. en un Consejo de Gabinete había declarado que en este año por ser el Centenario se podía echar la casa por la ventana, a lo que le contesté, que no dudaba yo de que tal cosa fuera cierta puesto que él lo decía; pero seguramente lo que Ud. no había dicho era que se tirara la casa por el portón, como la quieren tirar los señores Ministros. El señor Presidente a quien platiqué este incidente, me dijo que primero era necesario que hubiera que tirar y segundo que los señores Ministros no pusieran carros debajo de la ventana para llevarse el dinero.
>
> Figúrese Ud. que hay en preparación un gran baile en el Palacio Nacional, en el patio central, cuyo presupuesto, así de primera intención es de 300,000 pesos […] Muchos particulares hablan de que Ud. les ofreció que se haría tal o cual contrato, o tal o cual gasto, etc. Y yo simplemente me limito a manifestar que no tengo instrucciones de Ud. y que no me propongo, en virtud de los fuertes gastos que el Gobierno tiene que erogar con motivo del Centenario, consultar al Señor Presidente ningún gasto extraordinario mientras Ud. no regrese al País.[30]

La disciplina presupuestal y el control del gasto se mantuvieron a toda costa. Los informes fueron claros y precisos. La rendición de cuentas no dejaba espacio a la ambigüedad. Como ya se dijo, ningún escándalo surgió por manejos sospechosos o que favorecieran intereses particulares. La *Memoria de los trabajos...* detalla con gran precisión los gastos en su capítulo "Cuenta general de los fondos recibidos y de los gastos erogados por la Comisión Nacional del Centenario de la Independencia del 1 de mayo de 1910 al 28 de febrero de 1911", fecha en que se realizó el último pago por 234 151.88 pesos.

Es importante subrayar que las actividades se realizaron sin eventualidades mayores y también es obvio decir que cualquier abuso con los recursos que se manejaron y que alcanzaron una cifra cercana a los dos millones de pesos (además de las obras públicas), hubiera podido ser aprovechado por los detractores del régimen, sobre todo después del movimiento revolucionario.

LA *CRÓNICA OFICIAL DE LAS FIESTAS DEL PRIMER CENTENARIO DE LA INDEPENDENCIA DE MÉXICO*

Además de las actividades antes mencionadas, la celebración implicó la publicación de una obra de singular importancia: la *Crónica oficial de las Fiestas del Primer Centenario de la Independencia de México*. Este libro fue resultado de una instrucción que, en 1910, recibió Genaro García del entonces vicepresidente de la República y ministro de Gobernación, Ramón Corral:

[...] el Supremo Gobierno se proponía publicar una gran obra descriptiva de las fiestas de la Nación durante el próximo mes de septiembre en celebración del primer Centenario de la Independencia porque convenía que el recuerdo de ellas llegase fácilmente hasta nuestros descendientes y les permitiera ver cómo nos habíamos esforzado para conmemorar de la mejor manera posible el primer aniversario secular de nuestra vida autónoma y, al mismo tiempo, para honrar dignamente a los héroes que nos la dieron con heroísmo insuperable. El señor Corral agregó que el señor Presidente de la República había acordado que yo fuese el director de esta crónica, con entera libertad de acción, por lo cual yo debía trazar el plan y escoger a mis colaboradores. Después de presentar un plan que fue aprobado con una sola enmienda que consistió en suprimir la enumeración de las fiestas de los estados, no sólo porque consideró que aumentaría demasiado la obra, sino también porque temió que no todos los estados mandaran oportunamente los datos respectivos.[31]

La *Crónica oficial* es la fuente más amplia y confiable para conocer lo que ocurrió en las conmemoraciones de 1910. Cada uno de sus renglones enfatiza el tono celebratorio y la adulación al general Díaz. No hay una página sin una fotografía suya o cuando menos una mención. Sobre todo porque él participó en las inauguraciones y presidió todos los eventos. Sin embargo, Genaro García también fue cuidadoso de dar espacio a las figuras políticas relevantes, aunque muy pocas inauguraciones corrieron por cuenta del vicepresidente Corral; los ministros que más aparecieron fueron el de Relaciones Exteriores, Enrique C. Creel, y el de Instrucción Pública y Bellas Artes, Justo Sierra. Vale la pena aclarar que, en aquellos días, Corral padeció una enfermedad, justo como se lee en una carta de Roberto Núñez a Limantour:

> [...] agrego a mis preocupaciones anteriores la enfermedad de nuestro amigo Don Ramón [Corral], que es visible, especialmente desde mediados de las fiestas de septiembre, a las cuales ya no asistió, parte por la muerte de un concuño suyo, don Francisco Monteverde, y parte por su enfermedad de estómago. Por fin se ha decidido a salir fuera de la ciudad y estará ausente unas dos o tres semanas. Durante las fiestas, era notable el contraste que presentaban el Presidente de la República y él: mientras el presidente parecía vigorosísimo, no obstante sus ochenta años, Corral tenía el aspecto de un valetudinario, de igual o poca menor edad que el general Díaz, y no sería remoto que este último sobreviviera a don Ramón.[32]

La *Crónica oficial* fue publicada en los Talleres del Museo Nacional, y su fotógrafo fue Eugenio Espino Barros. Cabe señalar que se editó y se imprimió en 1911, durante el gobierno provisional de Francisco León de la Barra, lo que muestra la continuidad *de facto* con el régimen de Díaz.

LOS PERSONAJES DEL CENTENARIO: GENARO GARCÍA

Historiador y cronista oficial de las fiestas del Centenario. Fue el responsable de la edición de la *Crónica oficial de las Fiestas del Primer Centenario de la Independencia de México*. Entre las actividades que estuvieron a su cargo destacan: la reestructuración del Museo Nacional de Arqueología, Historia y Etnología y la edición de los *Documentos históricos mexicanos*.

79. Genaro García, historiador y cronista oficial de las fiestas del Centenario.

De la lectura de la *Crónica oficial* se desprende que todos los festejos se desarrollaron con calma y buen espíritu. Sin embargo, también hubo muchas otras manifestaciones de carácter más espontáneo y popular que fueron llevadas a cabo por la población en todo el territorio nacional y que no fueron registradas en el programa oficial ni en la *Crónica oficial*.

Pero dejemos atrás la organización, los preparativos y la crónica de Genaro García y adentrémonos en el desarrollo de las fiestas del Centenario.

Desfile de invitados

La llegada de las delegaciones especiales a la ciudad de México sólo provocó admiración: la gente se arremolinaba en la estación de Buenavista para mirar cómo descendían de los vagones los integrantes de las comitivas que, en un buen número de casos, llegaban ataviados con vistosos uniformes militares o con vestidos a la usanza tradicional de sus países, como sucedió con los representantes orientales, quienes abordaron sus carruajes y automóviles entre aplausos de esas buenas y azoradas personas.

80. Delegados extranjeros saludan a bordo de una carroza.

Todas las delegaciones eran recibidas con un impecable protocolo a cargo de funcionarios de la Secretaría de Relaciones Exteriores. En algunos casos, Enrique C. Creel acudió personalmente a darles la bienvenida, esto fue lo que hizo con la delegación española, que viajó directamente de Veracruz después de detenerse en el ayuntamiento del puerto para firmar el libro de honor y mandar un telegrama a su gobierno para informar sobre el éxito de su llegada.

Las delegaciones que llegaron por mar también fueron aclamadas por multitudes y tuvieron una bienvenida protocolaria. Éste fue el caso de la representación alemana que fue escoltada por los marinos que, ataviados con traje militar, recorrieron a tambor batiente y con fusil al hombro las principales avenidas de la ciudad de México, justo como se lee en la edición del 13 de septiembre de 1910 de *El Imparcial:*

81. Marinos alemanes del crucero *Freya* desfilan frente a Palacio Nacional.

[...] el Kaiser Guillermo, al enviar a los marinos y cadetes del crucero "Freya" para que tomen parte en nuestras fiestas patrióticas. Ayer, con bandera desplegada, y a tambor batiente los tripulantes del "Freya" recorrieron las calles de la metrópoli.

¡Qué curiosidad había por conocer a los marinos alemanes! Desde muy temprano la gente se agolpó junto a la estación de Buenavista, en espera de la llegada del tren extraordinario que conduciría a las tropas de desembarco.

Primero un punto negro en el horizonte, y después la figura recortada de una locomotora embellecida con banderas mexicanas y haces verdes, indicaron el arribo de los marinos alemanes; y un aplauso ruidoso saludó primeramente a los tripulantes del *Freya*. Entonces se escuchó una música lejana: la Banda del crucero venía en el tren tocando el Himno Nacional Mexicano, y como un acto de reciprocidad, al tiempo en que se detenía el convoy, la Banda del Estado Mayor rompió a tocar la Marcha Real alemana que todos los presentes escucharon con recogimiento.

UN LUGAR DONDE PASAR LAS FIESTAS

82. Casa del señor diputado De la Torre y Mier, que sirvió de residencia a la embajada italiana.

Para el alojamiento de los representantes de las naciones invitadas, algunas familias prestaron sus casas y otras se arrendaron para que fungieran como sede y lugar de hospedaje de las delegaciones. Para muchos porfiristas, el hecho de recibir a los extranjeros se convirtió en una manifestación de reconocimiento social y una espléndida manera de mostrar su refinamiento y elegancia.

Las casas se eligieron por su localización, elegancia y comodidades. Todas se ubicaban a unas cuantas cuadras del sitio donde se desarrollaría la vida social de las delegaciones: Paseo de la Reforma, la colonia Juárez y, en menor medida, en la colonia Roma o en algunas calles próximas al Zócalo. Actualmente, ninguna de esas casas permanece en pie, con excepción del Palacio Cobián, donde aún despacha el secretario de Gobernación.

83. Casa de la señora viuda de Braniff que sirvió de residencia a la embajada japonesa.

El cuidado que se tomó para elegir estos alojamientos también fue meticuloso. En agosto de 1910, la revista *Arte y literatura*, en uno de sus artículos destacó que estas casas fueron visitadas por doña Carmen Romero Rubio de Díaz, esposa del presidente de la República, quien fue acompañada por Ángeles Terrazas de Creel, esposa del secretario de Relaciones Exteriores, con el fin de supervisar el mobiliario y la instalación de los más modernos aparatos que hicieran más confortable la estancia de las delegaciones, y que fueron donados por El Palacio de Hierro, El Puerto de Liverpool y la Casa Mosler. En casi todos los casos, la decoración fue supervisada por Ignacio León de la Barra.

DIRECCIONES DONDE SE HOSPEDARON LAS DISTINTAS DELEGACIONES EXTRANJERAS

La delegación de Italia se instaló en la casa de Ignacio de la Torre y Mier, quien prestó su magnífica casa ubicada enfrente del Caballito; la delegación de Estados Unidos se instaló en el Palacio Cobián en las calles de Bucareli que el gobierno había adquirido para instalar la Secretaría de Gobernación; los representantes de Alemania se hospedaron en casa de Jorge Gómez de Parada, situada en Paseo de la Reforma 114, mientras que la oficialidad del *Freya* lo hizo en la de Hugo Scherer, banquero y comerciante importante de esos años en la misma avenida Reforma con el número 5; en el caso de la delegación de Japón, la viuda de Braniff facilitó la residencia de Paseo de la Reforma 27, mientras que la de China se hospedó en Rosales 9; la de España, en la casa del gobernador de la ciudad de México, Guillermo de Landa y Escandón, en la Calle de las Artes 31, y el personal en calle Indio Triste 12; los delegados de Francia, en Ribera de San Cosme 15, en la espectacular residencia de Tomás Braniff; los de Honduras, en el Hotel Sanz; los de Bolivia, en la casa de Juan Delgado; los de Cuba, en su propia legación; por su parte, los representantes de Costa Rica se alojaron en Hamburgo 14; los de Rusia y Portugal compartieron la misma residencia, como también ocurrió con los de Bélgica y Holanda, quienes se instalaron en Reforma 119; los delegados de Guatemala, El Salvador y Costa Rica también se alojaron Hamburgo 14; Brasil y Perú en Liverpool 76; Panamá, en Artes 110; Chile y Argentina, en Dinamarca 21; Noruega, en Paseo de la Reforma 119; Ecuador, Uruguay, Suiza, Venezuela, Colombia y Grecia, en la calle Mérida número 16.

84. Casa que sirvió de residencia a la embajada estadounidense.

La mayoría de estas mansiones estaban decoradas con sedas italianas, damascos, cretonas inglesas, *moirees* y satines de Francia; sus salas mostraban muebles de Aubusson con alegorías de la mitología romana, tenían cómodas de *boulle* y marqueterías inglesas; en sus paredes colgaban cuadros a la inglesa y la francesa con escenas de caza, paisajes montañosos o mostraban retratos que seguían a pie juntillas los dictados de las escuelas Reynolds, Lawrence o Nattier, o de las escuelas francesas de Boucher y Langrillet. Las escenas bucólicas corrían por cuenta de pintores que seguían los pasos de Greuze o de Chardin. Sólo por excepción, en algunas de estas mansiones se hacía presente el arte mexicano del virreinato, a pesar de que muchas de las haciendas tenían capillas con esculturas estofadas o poseían figuras religiosas de marfil tallado en Filipinas o Goa. El arte prehispánico por supuesto que estaba descartado de antemano.

Ninguno de los porfiristas se atrevía a romper con los cánones estéticos previamente establecidos. A pesar de las largas temporadas que pasaban en las capitales europeas —sobre todo en París— no tuvieron el gusto para traer a México las obras de Monet, Manet, Renoir o Toulouse-Lautrec, o de Picasso, que

85. Casa del señor Scherer que sirvió de residencia a los militares de la embajada alemana.

aún se compraban por nada. Ellos se conformaban con repetir el gusto palaciego del siglo XVIII.

En estas mansiones había grandes salones en donde los invitados y los familiares se reunían para conversar y escuchar música en los primeros fonógrafos o en las pianolas, siempre que alguien de la familia no tocara un piano de las casas Erard, Steinway o Brodwood. Por supuesto que, cuando varios de los miembros de la familia tocaban instrumentos de cuerda, también se formaban grupos de cámara. En los patios posteriores de las residencias estaban los baños, la lavandería, los cuartos de criados y las cocheras.

Además de sus lujosas mansiones, los porfiristas adinerados tenían a su disposición casinos, restaurantes, hipódromos, teatros, óperas, casas de campo y coches. Uno de los centros sociales de mayor importancia en la capital era el Jockey Club, el cual fue fundado por Manuel Romero Rubio: se ubicaba en el Palacio de los Azulejos, donde los principales hacendados, comerciantes y banqueros se reunían para jugar *bridge* y emular a los socios de los clubes ingleses y franceses.

Todas esas residencias daban un nuevo tono al paisaje urbano de la capital mexicana. En éste, los primeros Peugeot, Fiat, Panhard o Benz que llegaron al país empezaban a reemplazar a las berlinas y sedanes jalados por caballos. En tanto en la ciudad de México, al igual que en todas las de la República, se habían ido sustituyendo las viejas construcciones o, cuando menos, se habían remodelado las fachadas para darles un toque francés. Quizá, uno de los cambios más significativos en la decoración fue la adopción del *Art Nouveau*, desde la ciudad de México hasta la lejana Chihuahua. En ambas existen ejemplos notables de esta escuela: la Casa Requena y la Quinta Gameros.

86. Casa del señor gobernador De Landa y Escandón que sirvió de residencia a la delegación española.

Las remodelaciones no sólo se llevaron a cabo en las mansiones donde pernoctarían los invitados de otros países. En aquellos días, también se transformaron casas, pasajes, edificios públicos, se edificaron monumentos neorrenacentistas y se colocaron adoquines y bombillas. Al caer la noche, la diversión era salir a ver los focos encendidos. En aquellos días irrumpió un nuevo paisaje urbano: el hierro se comenzó a utilizar a partir de 1855 en el puente del Río de la Piedad y pronto se generalizó su uso en otros espacios públicos. Hospitales, hipódromos, cárceles, mercados, templos, quioscos, pabellones y grandes almacenes fueron construidos o remodelados con criterios muy similares a los que Eiffel utilizó en la exposición de París. A tal grado llegó esta corriente que Antonio Rivas Mercado, el autor de la Columna de la Independencia, propuso transformar la fachada del Palacio Nacional en un edificio neoclásico europeo.

El contraste con la clase media era mayúsculo, pues los que habían escapado de la miseria ocupaban las principales viviendas en las vecindades, en las cuales sólo había obras de factura nacional y algunos utensilios eléctricos (planchas, teteras, cafeteras, instrumentos para "baños de María" y cojines eléctricos que costaban en promedio quince pesos).

NOBLEZA OBLIGA

Una vez que las delegaciones extranjeras quedaron instaladas en las mansiones de los porfiristas adinerados, se llevó a cabo el primer acto protocolario: la presentación de las cartas credenciales que los acreditaban como enviados especiales de sus gobiernos para participar en la conmemoración del inicio de la Independencia. Esta ceremonia se organizó por grupos de países y en los distintos días del mes de septiembre. La mayoría se realizó en el Salón Amarillo de Palacio Nacional.

Los representantes extranjeros eran recibidos en las puertas de Palacio Nacional, a donde llegaban en carruajes descubiertos que circulaban entre la doble valla de tropa que les presentaría los honores militares. Las bandas musicales nunca faltaron. Todas las delegaciones fueron acompañadas por Federico Gamboa, quien siempre portaba el uniforme de ministro plenipotenciario: una levita oscura con bordados de oro y un bicornio discretamente decorado con unas plumas blancas. Ellos entraban a Palacio custodiados por los ayudantes de campo y los oficiales que estaban a las órdenes directas del presidente de la República.

A las once en punto los recibía Porfirio Díaz, quien tenía a su derecha a Enrique C. Creel. Por supuesto que a su diestra nunca faltaron los otros miembros del gabinete: Justino Fernández, secretario de Justicia; Olegario Molina, secretario de Fomento; Manuel González de Cosío, secretario de Guerra y Marina, y los embajadores de acreditados ante los gobiernos que acudían a la ceremonia. Al lado izquierdo de Porfirio Díaz, inexorablemente se encontraban el vicepresidente Ramón Corral, Justo Sierra, secretario de Instrucción Pública y Bellas Artes; Leandro Fernández, secretario de Comunicaciones y Obras Públicas; y el subsecretario de Hacienda, Roberto Núñez, en sustitución de José Yves Limantour. Atrás de ellos siempre estaban varios oficiales del Estado Mayor Presidencial.

Al comenzar el encuentro, los asistentes entablaban una breve conversación y, después de la ceremonia, pasaban al comedor para disfrutar de un *lunch-champagne*. El formato de las ceremonias fue similar en todas y el presidente Díaz les dedicó el mismo tiempo. Sólo hubo dos excepciones: la última presentación de cartas credenciales se llevó a cabo en el Castillo de Chapultepec, el 25 de septiembre a las cinco de la tarde, pues las delegaciones de Rusia, Panamá, Argentina y Noruega no llegaron a comienzos del mes. Por su parte, la presentación de las cartas credenciales de España recibió un tratamiento especial: el representante de esa nación fue recibido individualmente por Díaz.

FESTEJOS Y RECEPCIONES

Fueron muchas las atenciones que el gobierno mexicano prodigó a las 27 delegaciones, entre ellas destacan: banquetes, comidas, recepciones, bailes, *garden parties* y *picnics*. Los lugares más socorridos fueron los edificios emblemáticos de la ciudad de México: el Palacio Nacional y el Castillo de Chapultepec, que en aquel entonces fungía como residencia presidencial. A estos lu-

87. Los miembros del Estado Mayor Presidencial y los altos jefes del ejército ofrecieron en la tribuna monumental un banquete a los militares, marinos y *attachés* extranjeros que asistieron a la celebración de las fiestas.

gares se sumaron los mejores restaurantes de la época, todos ubicados en el centro de la ciudad, como era el Sylvaine, la Maison Doree y el Gambrinus. El único gran restaurante que no se encontraba en el primer cuadro era el Chapultepec, que se ubicaba a la entrada del bosque, muy cerca de donde ahora se encuentra el Museo de Arte Moderno. Los lugares al aire libre más favorecidos fueron el Bosque de Chapultepec y el Tívoli del Eliseo. Algunas actividades también se desarrollaron en oficinas públicas como la Secretaría de Relaciones Exteriores, que por esos días inauguró su nueva sede en Avenida Juárez.

El programa de las festividades también incluyó desde ceremonias en el ayuntamiento de la ciudad de México, como la que se organizó para las delegaciones latinoamericanas el 16 de septiembre, hasta una sesión especial de la Cámara de Diputados que se llevó a cabo el 23 del mismo mes en honor de los parlamentarios extranjeros presentes en México. Este acto ocurrió en el Palacio de Minería, la sede provisional del Poder Legislativo, pues el edificio de Donceles se había incendiado y aún estaba por terminarse su reconstrucción, que corría por cuenta del arquitecto de Maria y Campos.

UNA MIRADA A LAS FIESTAS Y A LOS PROTAGONISTAS

En aquellos días se organizaron visitas a escuelas, al Colegio Militar y se llevaron a cabo innumerables actos sociales, como la comida que ofreció el canciller Creel en el restaurante Chapultepec en honor de los cuerpos diplomáticos especial y residente. Lo mismo puede decirse del agasajo que recibieron los militares extranjeros que fueron invitados por miembros del Estado Mayor Presidencial, quienes ofrecieron una gran comida en la tribuna monumental de Chapultepec, acto que fue encabezado por el teniente coronel García Cuéllar, jefe del Estado Mayor, o la función de gala en la cual el Teatro Arbeu. Adornado con festones de flores y focos de luz eléctrica, recibió a los miembros

88. Militares, marinos y *attachés* extranjeros asistentes al banquete en la rotonda de Chapultepec.

del Congreso Americanista, a los profesores invitados a la inauguración de la Universidad Nacional de México y a las comitivas completas.

Esta función se llevó a cabo hasta las diez de la noche, después de que concluyera una recepción en Palacio Nacional. Esa noche se presentó *Cavalleria rusticana* de Mascagni y *Pagliacci* de Leoncavallo, que "la concurrencia escuchó con agrado y premió con discretos aplausos, los que se tornaron en una verdadera salva cuando el señor General Díaz salió del salón".[33] Las dependencias públicas no se quedaron atrás, pues la Secretaría de Instrucción Pública y Bellas Artes agasajó a los delegados universitarios y el Consejo de Gobierno del Distrito Federal ofreció algunas recepciones que no necesariamente formaron parte del programa oficial.

Algunas asociaciones académicas y científicas —como la Sociedad de Medicina Interna, la Sociedad Astronómica y la Academia de Medicina— se sumaron al festejo y para sus gremios organizaron veladas en diversos espacios universitarios. Esto fue lo que ocurrió en la Escuela Nacional de Medicina y en el Anfiteatro de la Escuela Nacional Preparatoria, donde se realizaron solemnes sesiones de carácter científico, literario o musical, o con el día de campo que se ofreció a los congresistas pedagógicos, y el concierto al que asistieron los congresistas médicos. Asimismo, muchas otras corporaciones de las distintas materias se sumaron a los festejos con actividades culturales para sus gremios. Todos estaban ansiosos por mostrar los progresos a sus pares así como su trabajo individual.

Otra función especial, que también se llevó a cabo en el Teatro Arbeu, fue la dedicada en honor del cuerpo diplomático y de los marinos alemanes del *Freya,* quienes asistieron con uniformes de gala. A esa función, en la que se cantó el *Lohengrin* de Wagner, Porfirio Díaz no asistió y ocuparon su lugar el vicepresidente Corral y el titular de Relaciones Exteriores, Enrique C. Creel, acompañados con sus familias.

Por su parte, las delegaciones oficiales también correspondieron con el mismo tipo de actos en varios de los mismos restoranes, clubes y casinos donde se ofrecieron fastuosos bailes, como ocurrió con los españoles y los alemanes.

Algunos se realizaron en las sedes diplomáticas, como el banquete ofrecido por la misión especial de Estados Unidos, para cuya realización se abrieron los salones de su embajada. El banquete, entre otras razones, destacó por "el artístico decorado del *hall* y de las salas de la casa, la profusión de luces y flores, la escogida orquesta que amenizó el festival y el exquisito *buffet*".[34]

Otros banquetes tuvieron como escenario el restaurante Chapultepec, donde las noches del 12 y el 14 de septiembre los estadounidenses ofrecieron otros encuentros sociales, en los cuales el salón principal estaba

[...] sencilla y elegantemente adornado con banderas mexicanas y americanas, plantas tropicales y flores de nuestro valle; la profusa iluminación del local hacía lucir más el servicio de mesa, de cristal y plata; los trajes y tocados de las damas, y los vistosos uniformes de diplomáticos y militares.[35]

89. Porfirio Díaz durante la recepción ofrecida en la embajada de la República Argentina. En la foto aparecen Justo Sierra, Enrique C. Creel y Ramón Corral.

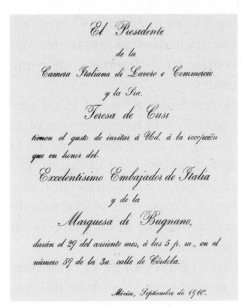

El Presidente
de la
Camera Italiana di Lavoro e Commercio
y la Sra.
Teresa de Cusi
tienen el gusto de invitar á Ud. á la recepción
que en honor del
Excelentísimo Embajador de Italia
y de la
Marquesa di Bugnano,
darán el 29 del corriente mes, á las 5 p. m., en el
número 59 de la 3a. calle de Córdoba.

México, Septiembre de 1910.

90. Invitación a la recepción ofrecida por la Cámara de Comercio Italiana en honor del embajador italiano. 29 de septiembre de 1910.

Efectivamente, el restaurante Chapultepec fue uno de los más solicitados. La delegación de Brasil también ofreció una comida en el salón principal, que fue "adornado con rosas y banderas de Brasil y México. Los representantes de Japón hicieron lo propio y ofrecieron una cena en este mismo lugar, y la colonia otomana —después de inaugurar el reloj que donó— también ofreció una comida en este restaurante. La delegación italiana fue la única que realizó un banquete en el Sylvain, que estaba a unas cuadras del Zócalo.

Para las fiestas se echó mano de cuanto espacio público era apropiado para las recepciones. Tal fue el caso del Casino Español, donde se realizó además de banquetes, un baile en honor del presidente de la República, que dió inicio con el vals *Espiritual*, dedicado a doña Carmen Romero Rubio de Díaz. Así, para el 28 de septiembre,

> [...] el edificio del Casino [que] días antes comenzó a ser transformado por arquitectos y decoradores, [quedó listo para la ocasión:] el salón estaba adornado con plantas, flores y banderas y cortinajes e iluminado con profusas luces, multiplicadas en los grandes espejos de los muros.[36]

La mesa de honor de este banquete, en forma de "T", tenía capacidad para cien personas y fue usada dos días más tarde, conservando aún la decoración del baile, en el último banquete que se ofreció al gobierno mexicano.

Al Casino Alemán le correspondió su turno el 13 de septiembre. En sus instalaciones se realizó el banquete que ofreció la colonia alemana a Porfirio Díaz, tras la develación de la escultura de Humboldt. Según la *Crónica oficial*, el casino "fue decorado lujosamente con banderas y flores, y en el salón destinado al efecto se sentaron frente a mesas adornadas más de trescientas personas [...] y en el fondo del salón aparecía un gran retrato de Su Majestad Guillermo II".[37]

Otro lugar muy solicitado fue el Jockey Club. El Palacio de los Azulejos, donde se alojaba este club exclusivo, estaba ubicado en la calle de San Francisco, a la que Pancho Villa, en 1914, le arrancó la placa y le puso el nombre de Francisco I. Madero. En su comedor, donde "las mesas ostentaban una guía de follaje y

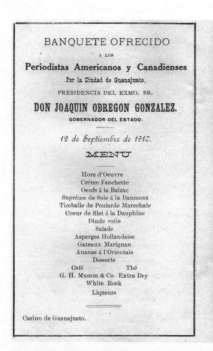

91. Menú del banquete ofrecido por la embajada estadounidense el 14 de septiembre de 1910.

flores en las fuentes de plata y el servicio [era] del mismo metal",[38] se llevó a cabo, el 24 de septiembre, el banquete que el gobierno austrohúngaro ofreció al gobierno mexicano. Esta comida tuvo especial encanto pues —en 1902— México había restablecido relaciones diplomáticas con esta nación, después del rompimiento a causa del fusilamiento de Maximiliano de Habsburgo.

Por la tarde del 3 de octubre, agotadas las fechas para tanta comida y cena, las misiones especiales de Honduras, Guatemala y El Salvador ofrecieron otro banquete en el mismo lugar. Asimismo, en los salones del Automóvil Club, los cuales se encontraban en la Casa del Lago del Bosque de Chapultepec, la delegación argentina "ofreció un té a la sociedad mexicana" y, a ese mismo lugar, la Junta Superior del Bosque de Chapultepec invitó a los representantes extranjeros a la fiesta de inauguración de sus nuevos lagos, que se llevó a cabo el 22 de septiembre.

92. Invitación a la inauguración de los nuevos lagos del Bosque de Chapultepec el 22 de septiembre de 1910.

Este último fue un evento que convocó a más de 50 000 personas. Se presentaron fuegos artificiales que representaban un combate naval al final del cual se inauguró la gran fuente y la iluminación de las calzadas del milenario. Todo era acompañado por música de bandas y culminó con un desfile de botes alegóricos.

La recepción más alejada del circuito de las festividades corrió por cuenta de las delegaciones de Perú y Colombia, pues se realizó en el parque del restaurante San Angel Inn, el 2 de octubre de 1910.

Además de las recepciones formales de frac o uniforme militar y las señoras de largo, se llevaron a cabo *picnics* al mediodía, *lunchs* un poco más tarde, y eventos al aire libre en algunos jardines previamente elegidos. Éste fue el caso del día de campo que la delegación holandesa ofreció al gobierno mexicano el 29 de septiembre. El evento fue en Xochimilco, a donde llegaron los invitados en trenes y "recorrieron el lago en canoas [...] y a la orilla del agua se había colocado una mesa con decoración holandesa".[39]

Un *garden party* que resultó muy original fue el ofrecido por los delegados de Suiza y Venezuela el 5 de octubre, a las cinco de la tarde, en el Club de Tiro Suizo ubicado en el pueblo de Guadalupe Hidalgo —la actual colonia Guadalupe Inn. Ahí llegaron los invitados que se habían dado cita una hora antes en el centro de la ciudad para abordar trenes eléctricos que los llevarían al lugar donde se encontraban bandas de música, la galería de tiro y el salón de baile, donde fue servido un *buffet*.

En todos los festejos del programa oficial participaron casi los mismos invitados: delegados extranjeros, miembros del gobierno mexicano, militares de ambos países y personajes mexicanos, entre los que destacaban terratenientes, comerciantes y banqueros. Porfirio Díaz estuvo presente en muchas de estas celebraciones. El cálculo político cuidaba cada una de sus apariciones. Eso permitió que los miembros de la Comisión Nacional también figuraran en las ceremonias junto a los secretarios de Estado. En la mayoría de los eventos, Díaz usó traje civil —saco *jaquet* o *avalon*— y sólo en unas cuantas ocasiones se presentó portando su uniforme militar. El sombrero de copa, a veces, era sustituido por un bombín. El presidente caminaba siempre erguido, apoyado en un bastón que era un adorno de su impecable vestuario.

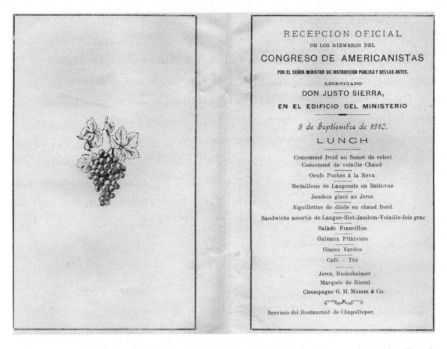

RECEPCION OFICIAL

DE LOS MIEMBROS DEL

CONGRESO DE AMERICANISTAS

POR EL SEÑOR MINISTRO DE INSTRUCCIÓN PUBLICA Y BELLAS ARTES,

LICENCIADO

DON JUSTO SIERRA,

EN EL EDIFICIO DEL MINISTERIO

8 de Septiembre de 1910.

LUNCH

Consommé froid au fumet de céleri
Consommé de volaille Chaud

Oeufs Pochés à la Neva

Medaillons de Langouste en Bellevue

Jambon glacé au Jerez

Aiguillettes de dinde en chaud froid

Sandwichs assortis de Langue-filet-Jambon-Volaille-foie gras

Salado Francillon

Gateaux Pithiviers

Glaces Variées

Café. - Thé

Jerez, Rudesheimer .
Marqués de Riscal
Champagne G. H. Mumm & Co.

Servicio del Restaurant de Chapultepec.

93. Cada acto requería de una invitación especial de formato muy particular. En algunas sólo aparecía la convocatoria de quien sería el anfitrión y en otras una imagen del lugar que se inauguraría. Sin embargo, todos los menús detallaban en francés lo que se serviría para la ocasión.

REGALOS Y RECONOCIMIENTOS

El programa oficial buscó con especial cuidado que todas las delegaciones gubernamentales —de manera regional o individual— tuvieran un espacio para participar en los festejos y que ninguna comitiva quedara excluida de los eventos. En muchos casos, las colonias de extranjeros residentes en México se integraron como parte de las delegaciones y fueron objeto de reconocimiento por sus aportaciones a la vida económica, social o cultural del país. Algunas de estas comunidades fueron anfitrionas de eventos sociales en homenaje a México y entregaron regalos como símbolo de apego y gratitud por el buen recibimiento que nuestro país les había dado.

Entre las colonias extranjeras que expresaron su deseo de participar y que eran importantes en aquellos días se encontraban la española, la otomana —que comprendía Turquía y la mayoría de los países del Cercano Oriente, que aún eran parte del imperio que caería con la Primera Guerra Mundial—, la francesa, la italiana y la alemana.

Los gobiernos de los países invitados también tuvieron gestos de simpatía y agradecimiento por la calidez y amabilidad con la que fueron recibidos y organizaron los más variados actos sociales. Algunos de estos gobiernos, más allá del recuerdo de una fiesta social, consideraron fundamental dejar un testimonio material de sus países y su cultura: obras materiales, obras artísticas representativas, devolución de algunos bienes históricos o condecoraciones a Porfirio Díaz.

MONUMENTOS Y OBSEQUIOS

Varios gobiernos regalaron estatuas dedicadas a los próceres o los valores que encarnaban las conmemoraciones. Estos presentes se sumaron a los importantes esfuerzos que también hicieron las colonias para regalar algo a nuestro país con motivo de las celebraciones. Algunas de las estatuas fueron instaladas aunque, en otras ocasiones, la ceremonia se limitó a la colocación de la primera piedra. En el primer caso estuvo Alemania y en el segundo estuvieron Italia, Estados Unidos y Francia.

Italia y Alemania, que eran los más jóvenes países europeos —pues sus procesos de consolidación e independencia se habían iniciado cincuenta años antes—, querían dejar testimonio del lugar que comenzaban a adquirir en el orden internacional. Era un asunto particularmente importante para Alemania ya que, en esos momentos, preparaba a su ejército y a la opinión pública para la guerra que se suponía le permitiría consolidar su papel rector en Europa. Asimismo, ésta era una buena ocasión para proyectar su presencia en México y América Latina. La presencia italiana fue mucho menos significativa. A pesar de esto, ambos países lograron una notoria actuación, particularmente con los monumentos de Garibaldi y Humboldt.

Colocación de la primera piedra del Monumento a Garibaldi

Esta ceremonia, que se llevó a cabo en la Plaza Orizaba, de la colonia Roma el 20 de septiembre de 1910, buscaba recordar al padre de la independencia italiana, quien escribió a Juárez después del triunfo contra el intervencionismo francés: "cuando una nación se desembaraza de sus opresores, como lo ha hecho México, con tanta constancia de heroísmo, merece una palabra de encomio, y un saludo de las naciones hermanas […] ¡Salve Oh, Juárez, veterano de la dignidad humana, salve!".[40] Ese entusiasmo fue el que llevó a un campesino del norte italiano a bau-

94. Nota sobre la colocación de la primera piedra del Monumento a Garibaldi tal como apareció en *La Semana Ilustrada*.

tizar con el nombre del destinatario de la carta, Benito Juárez, a su hijo de apellido Mussolini.

En su discurso, el delegado italiano destacó la similitud entre Hidalgo y Garibaldi, así como la grandeza de la herencia latina que unía a los dos países. Por estas razones, no resulta casual que *El Mundo Ilustrado* comentara esta celebración en los siguientes términos: "con tino se escogió a Garibaldi porque representa para ellos algo muy semejante a lo que representa para nosotros el Padre Hidalgo".[41] El otro orador fue Dante Cusi, un destacado miembro de la colonia italiana y uno de los fundadores del imperio algodonero en Coahuila: Lombardía y Nueva Italia.

Por su parte, Porfirio Díaz colocó la primera piedra del monumento con una cuchara de plata que tenía grabada la fecha del evento. El monumento quedó en la esquina de avenida Chapultepec y la calle de Guaymas. Dentro del cofre de hierro que se depositó en el hueco de la piedra se guardó la cuchara de plata.

Inauguración del Monumento a Humboldt

95. Invitación para la ceremonia de inauguración del Monumento a Humboldt. 13 de septiembre de 1910.

Al mediodía del 13 de septiembre se escuchó el Himno Nacional cuando Porfirio Díaz —con uniforme de general de división— se colocó frente al lugar donde se situaría el monumento en honor de Alejandro de Humboldt, quien en 1803 recorrió Nueva España y dejó como testimonio de su admiración varios libros: su *Atlas pintoresco de viaje*, el *Atlas geográfico y físico* y, sobre todo, el *Ensayo político sobre el reino de la Nueva España*. Humboldt fue un viajero incansable y tuvo enormes curiosidades científicas y culturales. Esto hizo que de él se dijera que era el último hombre poseedor de todos los conocimientos de su época, un hecho destacado en los discursos pronunciados aquella mañana.

En esa ocasión, Porfirio Díaz llegó caminando a la esquina donde se encontraba la Biblioteca Nacional; sus pasos transcurrieron en medio de una doble valla de marinos alemanes que le presentaban sus armas. En el pequeño jardín se colocó el monumento tallado en mármol blanco. La escultura representaba un Humboldt de mediana edad. Frente a ella se colocaron coronas del Museo Nacional de Arqueología, Historia y Etnología, del Museo de Historia Natural, de la Sociedad Científica Antonio Alzate, de la Sociedad de Geografía y Estadística, de la Sociedad Geológica Mexicana y de muchos otros institutos y sociedades científicas, cuya presencia estaba estrechamente vinculada con su rol como promotoras del positivismo en México. Ésta, sin duda alguna, era una magnífica oportunidad para mostrar a los invitados extranjeros el grado de desarrollo de una visión científica, además de enlazar la historia de la ciencia en México con la historia mundial y, sobre todo, para dar una prueba más de que México merecía un lugar en el concierto de las naciones.

Al final del acto se escuchó a la orquesta Jordá-Rocabruna, cuyos integrantes interpretaron la obertura *La gruta de Fingal* de Mendelssohn y música de Bach, dos autores fundamentales del repertorio alemán.

Colocación de la primera piedra del Monumento a Pasteur

96. Porfirio Díaz y Paul Lefaivre colocan la primera piedra del Monumento a Pasteur, obsequio de la colonia francesa, el 11 de septiembre de 1910.

Francia, sin duda alguna, era la nación que mayor influencia tenía en las clases adineradas en México. Su vestimenta, la decoración de casas y su arquitectura, la fascinación por expresarse en su lengua, la importación de institutrices para sus hijos, su arte y literatura, estaban estrechamente vinculados con Francia. En efecto, todos los hábitos que caracterizaban su privilegiada vida cotidiana provenían de la cultura francesa. Sin embargo, en las conmemoraciones del Centenario la presencia francesa no fue significativa, aunque ésta se hacía evidente en todos los espacios: su lengua detallaba los menús de las recepciones y era franca entre las delegaciones; asimismo, de su tierra venía el vino de los brindis, la decoración de los eventos sociales y los atuendos de los asistentes.

El 11 de septiembre correspondió a Francia dejar testimonio de la figura de uno de sus grandes hombres y de su aportación a la ciencia. Para levantar el monumento se eligió el jardín que se encuentra en Paseo de la Reforma, en contraesquina de la estatua de Cuauhtémoc. Se bautizó al espacio como Jardín Pasteur. La estatua que representa al científico tiene una inscripción que dice:

Louis Pasteur
La colonia Francesa de México
al Pueblo Mexicano en el primer Centenario de
su Independencia
1810-1910

Monumento a Washington

En las inauguraciones de monumentos no podía faltar la presencia de Estados Unidos, el país que, a pesar de los roces que se habían tenido en los últimos años debido a la postura mexicana ante el golpe de Estado en Nicaragua y la cancelación de los permisos a la armada estadounidense para utilizar la Bahía de Magdalena, aún era un gran aliado del porfirismo. Asimismo, cabe destacarlo, esta nación había jugado un importante papel durante el siglo XIX debido a su liberalismo y las formas republicanas de su gobierno. En los últimos años, dicho papel se había acentuado por el monto de sus inversiones, una cuestión a la que Porfirio Díaz era particularmente sensible, pues los capitales estadounidenses habían ameritado importantes reflexiones junto con su secretario de Hacienda, José Yves Limantour, con el fin de no concentrar la dependencia con el vecino del norte y ampliar las relaciones económicas y comerciales con Europa, sobre todo con Inglaterra y Alemania. Federico Gamboa percibió este clima desde mediados de 1910 pues, a propósito de la edición de junio del *Current Literature*, escribió en su diario: "se atizaron insultos graves en un artículo especial al General Díaz [...] náuseas me provocó el tal artículo por [...] la frecuencia que de algún tiempo acá la prensa yanqui viene lanzando [críticas] a nuestro Presidente".[42]

A pesar de esos problemas, el Congreso estadounidense entregó 10 000 dólares para los gastos de la delegación que asistiría a los festejos del Centenario de la Independencia mexicana.

El debate para entregar estos recursos pasó del absurdo a la votación mayoritaria. Al principio, algunos los congresistas plantearon la necesidad de conocer el programa para saber con precisión si se trataba de una corrida de toros; otros decían que era una exposición, y unos más, burlonamente, preguntaron en tribuna la razón por la cual no enviaban quince diputados y otros tantos senadores y representantes del Ejecutivo, en lugar de los nueve planteados. Sin embargo, varios congresistas destacaron la importancia que tenía México como país vecino, como depositario de una inversión de quinientos millones de dólares y, sobre todo, la amabilidad que había tenido el gobierno del entonces presidente Lerdo de Tejada cuando, en 1876, una delegación mexicana estuvo presente en los festejos del Centenario de su guerra de Independencia. Al final de los debates, los recursos se aprobaron por mayoría aplastante y —con tres meses de retraso— se comunicó al gobierno mexicano su presencia en las celebraciones. Después de esto, no hubo ningún contratiempo.

En ese contexto, Estados Unidos consideró apropiada la donación de una estatua de George Washington, de parte de la colonia americana en México. En octubre de 1910, los residentes llevaron a cabo una suscripción para patrocinar el monumento y, en menos de cuatro semanas, recolectaron los fondos necesarios. Así, el 11 de septiembre, en una ceremonia "sencilla y majestuosa"[43] —que se llevó a cabo en la Plaza de Dinamarca de la colonia Juárez— se puso la primera piedra. La escultura era una obvia alusión al papel protagónico de Washington en la guerra de Independencia estadounidense y a la influencia que ésta había tenido en la mexicana.

El discurso del representante especial, Guild, según se describe en la *Crónica oficial* "fue austero y desprovisto de pompa retórica", mientras que el del embajador Henry Lane Wilson "rebosó de galanura y de poesía; fue un canto al hombre extraordinario que se cierne hoy, no sobre un pueblo, sino sobre todo un continente".[44] En ese discurso, Lane Wilson proyectó el papel protagónico que le gustaba y que creía tener derecho a representar por su cercanía al poder mexicano. Hecho probado durante el gobierno de Madero, a quien consideró casi su enemigo personal, hecho que lo llevó a apoyar su asesinato así como la llegada de Victoriano Huerta a la Presidencia de la República.

Sin embargo, en esa mañana soleada, la ceremonia transcurrió sin problemas presidida por Díaz, quien —según dice Genaro García— tomó asiento en la plataforma donde "se entrecruzaban el pabellón de las estrellas y la enseña tricolor".[45]

Los regalos

Al mediodía del 20 de septiembre, en presencia del delegado especial del emperador Xuantong (conocido como Puyi, último emperador de China), y de un grupo de miembros de la colonia china —quienes se reunieron en el Salón Panamericano de Palacio Nacional— se entregó al gobierno mexicano, representado por Porfirio Díaz —quien portaba en su pecho la condecoración

97. Inauguración del Reloj Otomano el 22 de septiembre de 1910. La ceremonia fue presidida por Antonio Letayf, en nombre de los miembros de la colonia turca en México.

del Dragón de Oro—, "una docena de muebles de madera riquísima y muy finamente tallada, [así como] varios cortinajes opulentos y un tapiz maravillosamente bordado, el obsequio fue colocado en uno de los salones de la Presidencia".[46]

El imperio chino no fue el único que hizo obsequios al gobierno mexicano: los representantes italianos —con el deseo de dejar un testimonio de su riquísimo acervo cultural— obsequiaron una reproducción del *San Jorge* de Donatello, una de las más extraordinarias esculturas renacentistas (cuyo original se encontraba colocado en la fachada del Or'San Michele, en Florencia) la cual se colocó en un salón de la Escuela Nacional de Bellas Artes el 14 de diciembre, donde aún se puede admirar. Por su parte, el emperador de Japón regaló dos tibores de porcelana negra con incrustaciones de oro, perla y nácar, en los que destacaban dos águilas de cerca de un metro de alto. Éstos habían formado parte de la exposición japonesa que se montó en el Pabellón del Chopo.

La *Crónica oficial* señala de manera confusa que "la designación que el país entero hizo del señor General Díaz para Presidente de un nuevo sexenio y la proximidad de su cumpleaños dieron ocasión al Jefe del Estado Francés […] para ofrecer un presente a Porfirio Díaz". La redacción resulta curiosa al señalar su "designación" y confundir su cumpleaños con el inicio de un nuevo periodo. En todo caso, el regalo, como dice la misma crónica, fue "un soberbio vaso de la fábrica nacional de Sévres" decorado con flores.[47]

En junio de ese año, por recomendación de la joyería La Esmeralda, la colonia otomana pidió a un señor de apellido Oropeza que cotizara el precio de un reloj público. El comité otomano, en una carta de su presidente, afirmaba que el obsequio debería tener características similares a las del reloj chino de Bucareli, pues se colocaría en un pequeño jardín situado en la esquina de las calles de Colegio de Niñas y Cadena (hoy Bolívar y Venustiano Carranza), lugar donde fue instalado el 22 de septiembre. Este monumento, según lo describió la prensa, consistía de "una artística torrecilla y […] un reloj de cuatro carátulas que descansa sobre ella".[48] A esta inauguración no asistió el presidente Díaz, su representante fue el gobernador del Distrito Federal, Guillermo de Landa y Escandón, quien contestó el discurso al señor Antonio Letayf.

Entre los regalos de gobiernos latinoamericanos de los que se guarda registro, destaca el cuadro conmemorativo que obsequió el gobierno de Guatemala. La obra tenía un marco de plata vieja cincelada de 42.5 por 30 centímetros, dentro del cual se encontraba una plancha de plata esmaltada que representaba la hoja de un calendario foliador con la fecha correspondiente al 16 de septiembre de 1910. Al pie de la misma se leen dos efemérides: "1810. Proclama la Independencia de México en el pueblo de Dolores el Cura don Miguel Hidalgo y Costilla. 1910. Celebra la República Mexicana el primer Centenario de su Independencia".[49] Cincelado en oro macizo, el escudo de armas de Guatemala aparece en el centro de la parte superior del marco,

98. Porfirio Díaz acompañado de Ramón Corral y Enrique C. Creel durante la ceremonia de condecoración en el Salón Panamericano de Palacio Nacional. Ahí, el marqués de Polavieja condecoró a Porfirio Díaz en nombre del rey de España, Alfonso XIII.

y entre ésta y la hoja del foliador estaba una placa esmaltada en oro mate con la cual se grabó el nombre de Díaz. Además, a los lados de la plancha que contiene la memorable fecha, había dos escudos esmaltados: el de la derecha con los colores del pabellón guatemalteco y el de la izquierda con los de México.

Asimismo, Díaz recibió algunas condecoraciones en aquellos días: le fue entregado el Collar de la Orden de Carlos III y el Gran Collar de la Orden de San Olaf, el cual consistía en un collar de oro y plata y una gran banda roja, orlada con una pequeña franja azul entre dos vivos blancos, de la que pendía una cruz de ocho brazos que ostentaba un león rampante sobre un campo de gules y estaba cubierta por una corona imperial. Las ceremonias para recibir estos reconocimientos se llevaron a cabo en el alcázar del Castillo de Chapultepec.

EL BAILE DEL CENTENARIO

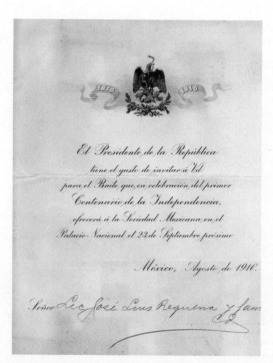

99. Invitación del Presidente de la República al baile de Palacio Nacional.

El evento social culminante de las celebraciones del Centenario fue la fiesta que Porfirio Díaz y su esposa ofrecieron a las delegaciones especiales y al cuerpo diplomático: el Baile del Centenario, el cual se llevó a cabo el jueves 23 de septiembre, a las 8:30 de la noche, en Palacio Nacional.

La expectativa por este evento era grande, pues debía ser el más brillante que se hubiera organizado en la historia de México. El reto no era fácil de superar: aún estaban frescos en la memoria los bailes de los tiempos de Maximiliano y Carlota, así como con el que se festejó la elección presidencial de Sebastián Lerdo de Tejada. Lo mismo ocurría con los que se celebraron en el Palacio de Minería y los organizados por Ignacio de la Torre y Mier y su esposa Amada, la hija de Porfirio Díaz y de Delfina, su primera mujer, cuyo mayor orgullo —según narra José Juan Tablada en *La feria de la vida*— era mostrar, como si de una biblioteca se tratara, sus zapateras llenas de pares de todos tipos y colores. Sin embargo, al concluir el Baile del Centenario, la impresión de los invitados y lo que se publicó en la prensa superó con mucho cualquier comparación con los bailes anteriores. Se

100. Baile del 23 de septiembre.

153

había logrado que esa fiesta, la más brillante, fuera la última de un México que aún no vislumbraba su agonía.

Para el festejo, se repartieron 5 000 invitaciones con un plano y las instrucciones para la circulación de automóviles y carruajes. Sin embargo, se tuvieron que imprimir 1 000 más, con una tarjeta rosa, para quienes entrarían por la Puerta de Honor de Palacio Nacional. Cada invitación era personal e intransferible y de entrega obligatoria en la entrada que correspondía a cada asistente. Para evitar extravíos, la Comisión Nacional contrató "los servicios de mensajeros especiales, que entregaron las invitaciones en cada casa y recogerían un recibo del interesado o de alguna persona de su familia".[50]

Las tarjetas que contenían las invitaciones eran de cuatro colores: blanco, rosa, azul y verde. Cada color llevaba impresos los números del 1 al 1 000. Los carruajes —que debían pasar frente a la Catedral— tenían que llevarlas en un lugar visible para que los agentes de policía los identificaran y les indicaran su destino: las tarjetas blancas eran enviadas a la Puerta Mariana, las rosas —como ya lo he señalado— a la Puerta de Honor, las azules a la puerta de la calle de la Acequia y las verdes a la Puerta Central.

Asimismo, vale la pena señalar que, sobre cada una de las puertas de entrada a Palacio, se colocaron numeradores luminosos con el objetivo de que, al finalizar del baile, se llamara a los carruajes por medio de un botón eléctrico. Gracias a este artilugio, los ujieres señalaban en el indicador luminoso el número de carruaje y el vehículo avanzaba para recoger a sus pasajeros cuando salían de Palacio.

La prensa no dejó de crear expectativas sobre lo que ocurriría en esa ocasión. *La Iberia*, en su edición del 19 julio de 1910, publicó en su primera página un artículo intitulado: "El gran Baile del Centenario". En él se afirmaba que éste sería "la más distinguida nota social […], por su significación y magnificencia […] desde los tiempos cortesanos". Por su parte, *La Clase Media* en su entrega del 30 de julio, no se quedó atrás con su titular: "No habrá habido fiesta que se le asemeje". La lectura de éstos y muchos otros artículos despertó deseos entre quienes —aunque no estaban considerados en la lista de invitados— ardían de ganas por asistir, justo como lo muestra esta carta que fue enviada a Díaz un poco antes de la celebración:

19 de septiembre de 1910

Respetable Señor:

Soy ayudante del secretario de Gerente del Ferrocarril Mexicano, y tengo verdaderos deseos de admirar acto tan importante cual debe ser el baile con que usted tiene a bien obsequiar a la sociedad mexicana.

¿Pudiera concederme la honra de que se me favoreciera con una invitación?

Quedo a Ud., con toda consideración, afmo. y atento servidor.

F. Castillo.[51]

Quién sabe si a este hombre le llegó la respuesta.

En cambio, los que sí recibieron la invitación y llegaron a Palacio Nacional fueron atendidos por meseros que vestían de calzón corto y casaca de color oscuro, a la usanza de las cortes europeas. Ellos, con gran elegancia, servían champagne bajo la brillante luz de 40 000 focos que iluminaban, en espectáculo nunca antes visto, el patio de honor desde un *plafond* de seda, en cuyo centro había un rosetón de luces.

Bajo el *plafond* estaban dispuestas la mayoría de las mesas donde cenarían los invitados. Según las opiniones de la época el adorno fue sencillo y de muy buen gusto, pues se cuidó de respetar la arquitectura virreinal del patio, cuyos pilares tienen poco adorno. Por esta razón, los arcos estaban cubiertos por un enrejado de madera con luces eléctricas que daban una iluminación desconocida para muchos de los invitados, quienes nunca habían experimentado tal profusión. Por si lo anterior no bastara, la parte central del patio se convirtió en un salón circundado por magníficos cortinajes.

Dice *El Imparcial* que

[...] el corredor del lado poniente era especialmente bello. Un "trailli" revestido con focos velados con rosas de seda y festonado con follaje artificial ligero, daba á esta parte del salón el aspecto de un muro de jardín, por cuyas tapias se escaparán majestuosas enredaderas [...] la luz que en el salón central es blanca, con un blanco deslumbrante de la plata, es aquí atenuado y rosa y apenas han bastado dieciséis mil pantallas para producir el efecto mágico tan buscado y que completa el revestimiento de los hilos conductores cubiertos con ocho mil metros de guías de yedra de festón ligero de geranios y de rosas.[52]

Los salones del *buffet* se situaron en la planta alta del edificio, en los departamentos presidenciales. Desde el preciso instante en que el presidente de la República y la comitiva oficial ocuparon su mesa para cenar, cualquier persona podía acercarse a los lugares donde se ofrecía la comida, pues se dejaría de servir hasta las dos de la mañana.

101. Desde otro ángulo, la decoración para el baile del 23 de septiembre.

Se cuidó hasta el último detalle: por eso se previeron los sitios para fumar (el salón Panamericano y los salones de espera de la Secretaría de Hacienda) y, para dejar las capas, los abrigos, los sombreros de copa, los bicornios o los cascos de gala, se instalaron varios guardarropas. Con el objetivo de que las mujeres pudieran dar un oportuno retoque a su arreglo, se crearon en los corredores de Palacio, catorce tocadores "primorosamente amueblados y bien atendidos".

102. Boleto para carruaje núm. 1179.

103. Tarjeta de instrucciones entregada durante el baile del 23 de septiembre al conductor del carruaje núm. 737.

A las diez de la noche Porfirio Díaz y la marquesa de Bugnano, la esposa del enviado especial del rey de Italia, abrieron el baile. Las otras parejas se fueron incorporando poco a poco. La esposa del presidente de la República, Carmen Romero Rubio, entró a la pista con un "riquísimo vestido seda oro [...] velado con sobrefalda de igual color. Oro líquido parecía a plena luz. El corpiño y la falda, adornados con perlas y canutillo de oro. En el centro del corpiño, un gran broche de brillantes. Diadema de brillantes en el tocado".[53] En cambio, la mayoría de las señoras estaban ataviadas en azul claro, color de moda para la noche, como bien lo había dictado el Grand Prix de Longchamp.

Esa fiesta, comentaba orgullosa y satisfecha la prensa oficiosa, "manifestaba [el] alto grado de cultura y buen gusto social, al mismo tiempo que los vívidos deseos de las clases ricas y media para relacionarse con las personalidades de otros países".[54] En efecto, decía *El Imparcial* lleno de euforia: "veinticinco años antes no se habría dado una fiesta como ésta, en la que alhajas y *toilettes* se valuaron en centenares de miles de pesos".[55]

En una las cartas que Roberto Núñez enviaba regularmente a Limantour, el subsecretario de Hacienda también se ocupó de describir la gran celebración:

El baile fue un verdadero éxito, pues todos los extranjeros a una voz declararon que en ninguna parte del mundo habían visto una cosa semejante, tanto por la extensión del salón cuanto por el adorno, en el que resaltaba la bella arquitectura del mismo patio, con un decorado floral, no natural, muy sobrio y de muy buen gusto, y una iluminación que alcanzaba a 30 ó 40 mil lámparas incandescentes. Además los salones dispuestos para la familia del presidente, cuerpo diplomático, etc... estaban discretamente divididos en el resto del salón por un cordón rojo, lo que a la vez no le daba el aspecto de una división muy marcada entre determinadas familias y el resto de la concurrencia, impedía siempre a la multitud llegar hasta el señor Presidente.

La concurrencia no fue tan excesiva como se temía, si bien había mucha gente, y por fortuna la gran mayoría entró después de que el señor presidente con todos los diplomáticos dieron una vuelta por el salón, en unión de sus respectivas compañeras. Esta vuelta resultó sumamente lucida, mucho más que la que después se hizo cuando la comitiva subió al corredor, a la mesa de honor.[56]

LA FIESTA DEL DÍA ANTERIOR

El día anterior al baile inolvidable se llevó a cabo un *garden party* que fue organizado por la esposa del presidente Díaz. Según se afirma en *Crónica oficial*, en esa fiesta "participaron miembros de todas las clases sociales", pues en ella se quiso dar la nota de inclusión. Las razones para otorgar a esta fiesta un carácter eminentemente popular son fáciles de explicar: el *garden party* era una buena manera de equilibrar el principesco del baile que se llevaría a cabo la siguiente noche. La fiesta se llevó a cabo en el Bosque de Chapultepec y en ella se reservaron —para el presidente Díaz y sus invitados— los espacios del Automóvil Club, al que sólo pertenecían los dueños de los automóviles que llegaron al país.

104. Iluminación de la Casa del Lago de Chapultepec.

159

En aquellos días, la referencia en la distinción y el buen gusto era José Yves Limantour, quien en todos los actos aparecía vestido a la última moda inglesa. Era el anfitrión perfecto. Por ello, su ausencia de México y de la conmemoración restó a las inauguraciones de una de las figuras más representativas de la elegancia. Sin embargo, este hecho no implicó que él no estuviera perfectamente enterado de lo que ocurría en las celebraciones, incluso de si éstas casi habían resultado un fracaso. Esto es lo que se lee en la carta que Roberto Núñez le escribió a propósito del *garden party*:

El *garden party*, como dije a Ud. por telégrafo, resultó en realidad muy inferior al que Ud. organizó en tiempo de Root. No quiere decir esto que la fiesta fuera fea, ni mucho menos; pero como por una parte fue incalculable el número de personas de todas clases que asistió a Chapultepec, lo que hacía verdaderamente imposible la entrada y, por otra parte, los fuegos artificiales se redujeron a una batalla naval en determinado lugar, allí se concentró toda la gente, lo cual ocasionó dificultades, que no existieron en la fiesta a Root, porque como había infinidad de diversiones repartidas en el bosque, la gente se diseminó y todo el mundo estuvo circulando perfectamente sin aglomeraciones y disfrutando de una variedad de espectáculos. Lo mismo sucedió con los fuegos: cuando Root fueron tan variados, que por sí sola ésta era una diversión encantadora, aparte de las a que he aludido antes, en tanto que ahora sólo se disfrutó del referido combate naval.

Una buena parte de los asistentes a la fiesta de Root organizada por Ud., recordamos con cuanta comodidad estuvimos sentados en las mesitas dispuestas al efecto para tomar alguna cosa, mientras que ahora la muchedumbre invadió esas mesas y apenas si algunos diplomáticos y sus señoras encontraban una taza de té servida en algún mostrador, pues por ser tal la aglomeración de gente no fue posible que todos estuvieran en la mesa oficial, ni se hizo indicación alguna a este respecto y las demás mesas ya estaban enteramente ocupadas cuando determinadas personas empezaron a ir a tomar algún refrigerio.[57]

105. Fuegos artificiales en el lago de Chapultepec.

FESTEJOS POPULARES

En toda la República se celebró con entusiasmo el Centenario de la Independencia. Todo tipo de fiestas se llevó a cabo y ellas se realizaron hasta en las más pequeñas poblaciones. Hubo bailes populares en las plazas, en mercados y en los teatros, por lo cual no debe extrañarnos que, el 14 de septiembre de 1910, *El Imparcial* señalara: "se ha dispuesto que las bandas militares recorrerán tocando […] los días 14, 15 y 16 […] las calles siguientes: Zapadores, Flamencos, Portacoeli, calles de Jesús y las del Rastro, Plazuela de San Lucas". Sin embargo, la noticia publicada por *El Imparcial* no debe hacernos suponer que los festejos se limitaron a los bailes, pues en aquellos días —como bien se muestra en el caso del Distrito Federal— hubo de todo para todos.

El Distrito Federal, de conformidad con la legislación vigente desde 1898, se dividió en ocho demarcaciones cuyas Juntas Patrióticas tradicionalmente organizaban las fiestas de septiembre. Sin embargo, para 1910 fue la propia Comisión Nacional la que se encargó de organizar los principales festejos: sus integrantes dispusieron que en todas las demarcaciones —con excepción de las tres que dependían en forma directa de la Comisión Nacional—, a las cinco de la mañana de los días 15 y 16 de septiembre, se izara el pabellón nacional en el edificio de la comisaría, en medio de una salva de cohetes y repiques en los templos.

Asimismo, ordenaron que el 16 de septiembre se plantara el Árbol del Centenario en un jardín de la localidad, un acto que inexorablemente terminaría con la repartición de juguetes.

Durante la tarde de esos días habría funciones gratuitas en los teatros y cinematógrafos, mientras que en las plazuelas habría funciones de circo y cucañas, a las cuales seguirían carreras de burros, en sacos y a pie, con la correspondiente entrega de premios a los vencedores. En algunos casos, tras estas celebraciones, se llevarían a cabo serenatas hasta las once de la noche y bailes en el Casino de Santa María y en el Tívoli de Eliseo.

También miles y miles de familias prepararon sus casas para el festejo. Muchas de ellas fueron adornadas con escudos de la Independencia, con alegorías a la libertad y a Hidalgo (que costaban alrededor de seis pesos) o con listones tricolor y faroles de vidrio —con depósito para petróleo o aceite— que costaban cerca de treinta pesos. *El Imparcial* del 15 de septiembre no dejó de destacar que "para las fiestas del Centenario se alquilan asientos en gradas de azotea Casa 7 del Portal de las Flores".

La noche del llamado Baile del Centenario en Palacio Nacional, el 23 de septiembre, se celebraron otras fiestas en el Bucareli Hall, en la Academia Metropolitana, en múltiples salones de espectáculos y en los mercados públicos. Dijo la crónica de *El Imparcial* refiriéndose a esa noche: "Medio México bailó anoche, incluyendo no sólo a la aristocracia y a las clases adineradas, sino asimismo a los escasos de recursos y a los artesanos honrados. Los concurrentes a los bailes preparados por la Comisión Nacional fueron amablemente obsequiados con pasteles y bebidas."

En los festejos también se buscó dar un espacio especial para los jóvenes. Gracias a la convocatoria de la Unión Universal de Estudiantes, destacó la *kermesse* del Parque Español, la cual se llevó a cabo por medio de una colecta, algo muy parecido a lo que se hizo en muchos otros eventos. Las fiestas, una vez que concluyó la *kermesse*, continuaron en los salones de baile, en las salas cinematográficas y en los *rings* de box.

Además, en algunas noches de septiembre varios grupos de estudiantes disfrazados, acompañados de música y portando antorchas, realizaron procesiones y paseos por distintos rumbos de la ciudad. La Junta Organizadora de las Fiestas Patrias Estudiantiles acordó la celebración de un "gallo" el día 16, que se convertiría en una serenata ambulante. Se habían dado cita frente a los jardines del Carmen a las ocho de la noche. Llegaron estudiantes de todas las escuelas superiores de la capital que se agruparon por secciones: Medicina, Leyes, Ingeniería, Preparatoria, Escuela Dental, Comercio, Agricultura, Conservatorio y Normal de Profesores. Desfilaron alumbrados por farolillos, cantando, bailando y acompañados por redobles de tambor y trompetillas. Llegaron hasta el Zócalo donde se juntaron con los marinos de los buques visitantes. Sin embargo, no llegaron las estudiantinas previstas y el día 27 se repitió dándose cita, esta vez, en el jardín de la Corregidora, frente a la Escuela de Medicina donde se repartirían nuevamente los farolillos para alumbrar la procesión. Ese día terminaron las vacaciones escolares.

Así, mientras los estudiantes se divertían en las calles, en algunas casas se dejaban oír las melodías de los discos patrióticos del Centenario marca Columbia, los cuales tenían un costo de 1.75 pesos. Efectivamente, quienes festejaban en sus casas tenían la posibilidad de utilizar la maestrófono, un aparato de sonido que era anunciado por la casa Wagner y Levin como la solución perfecta para el patriotismo y la fiesta:

¿Quiere Ud. celebrar el Centenario en su casa? La Maestrófono le proporcionará discursos, Himno Nacional, Himnos Patrióticos, etc. y exaltará con dulzura sus recuerdos y amor patrio. ¿Quiere Ud. ópera? ¿Quiere Ud. bailar? La Maestrófono es dócil y dará gusto reproduciendo desde las piezas más chic de los salones hasta la música más popular.[58]

En aquellos días, ni siquiera los presos fueron olvidados. El 16 de septiembre, el gobierno del Distrito Federal organizó —para los detenidos en la Cárcel General— una comida para que "ese día tengan los reclusos un banquete modesto que les haga pasar [...] un rato agradable".[59]

Una petición similar llegó desde Brownsville, Texas, el 1 de septiembre de 1910. En una carta dirigida al presidente Díaz, los mexicanos que residían en Estados Unidos —y especialmente en Texas— no sólo le informaban que festejarían el Centenario en la medida de sus posibilidades, sino que también le solicitaban que enviara una carta al presidente de Estados Unidos con el fin de que indultara a quienes

[...] por desgracia o malas inclinaciones, han cometido delitos en México, tales como deserción del ejercito, faltas a la autoridad política y delitos que penan las leyes [...] solicitando el indulto, aunque fuera por tres días solamente, a favor de los mexicanos que se encuentren en las condiciones anteriores a fin de que los días 15, 16, 17 pudiesen pasar a pisar tierra mexicana y celebrar allá las Fiestas de la Independencia.[60]

En otras ciudades estadounidenses donde residían mexicanos, también se llevaron a cabo algunos festejos, justo como se muestra en una de las entregas de *El Mundo Ilustrado* donde aparecen fotografiados algunos integrantes de la colonia mexicana de Nueva York.[61] En Europa también se realizaron celebraciones: en Trieste, Austria, el consulado honorario de México organizó la fiesta nacional y en algunos países de América Latina ocurrió lo mismo: en Guatemala, por ejemplo, se inauguró un monumento a Hidalgo.

106. Festejos de la comunidad mexicana en la ciudad de Nueva York.

Asimismo, se designó una representación mexicana para que fuera a Argentina con el fin de hermanar la independencia de ambas naciones. Encabezaron esta representación Antonio Ramos Pedreuza y el capitán Gustavo Garmendia quien, dos años más tarde, sería perseguido por los golpistas de Huerta por defender al presidente Madero en el momento en que el general Aureliano Blanquet lo aprehendió antes de asesinarlo.

La celebración de la historia

Los eventos vinculados con los hechos históricos de la Independencia no se limitaron al periodo 1810-1821. Su espectro se amplió para abarcar los antecedentes del movimiento y varios acontecimientos posteriores. Esta visión del pasado pretendía situar a Díaz como un personaje que se había ganado su lugar en el santoral histórico y, sobre todo, para destacar que él era el último eslabón de una larga cadena que se iniciaba con la Independencia y se prolongaba en la Guerra de Reforma y la intervención francesa. Porfirio Díaz, es importante recordarlo, nació en 1830, veinte años después del inicio de la guerra de Independencia; asimismo, debemos recalcar que fue un joven cadete de diecisiete años cuando ocurrió la invasión estadounidense; que fue un joven militar en la Guerra de Reforma; que se convirtió en un valiente general en lucha contra los franceses y que, a los 32 años, ascendió a general de división tras su victoria del 2 de abril. Claro, tampoco debemos olvidar que él, con el Plan de la Noria, se levantó en armas contra Juárez y que, ya cerca de los cincuenta, triunfó en su lucha antirreleccionista, cuando ocupó —por vez primera— la silla presidencial.

107. El señor presidente de la República al pie del calendario azteca.

La historia de su época estaba vinculada con su persona. Si bien no existe un documento que desglose la interpretación que se debería dar a la historia y la manera en que se manejarían los momentos y los personajes polémicos, es necesario aceptar que los historiadores ya habían creado algunas interpretaciones que permitieron dar cuerpo a esta mirada. Una referencia importante es la publicación en 1902 de la obra de Justo Sierra *México, su evolu-*

108. Representación de Moctezuma durante el gran desfile histórico de carros alegóricos del 15 de septiembre de 1910.

ción social,[62] la cual se sumó al *México a través de los siglos*,[63] dirigido por Vicente Riva Palacio. Estas obras son dos grandes intentos para analizar el proceso histórico de México. Mientras que la última estaba concentrada en el desarrollo de los hechos históricos desde la óptica del triunfo liberal, el libro de Sierra integró el positivismo a la comprensión del país desde sus más lejanos orígenes. En este caso, también estamos ante una obra colectiva que, si bien fue coordinada por Sierra, contó con la espléndida participación, entre otros, de Bernardo Reyes, Porfirio Parra, Miguel S. Macedo, Carlos Díaz Dufoo y Jorge Vera Estañol, todos ellos importantes figuras del régimen porfirista.

Asimismo, la interpretación histórica que animó a las fiestas del Centenario hizo cuanto le fue posible para evitar confrontaciones con la Iglesia y con España, para no ignorar el papel protagónico de Hernán Cortés en la conquista, para resaltar al máximo la figura de Benito Juárez, sin dejar enteramente a un lado a Agustín de Iturbide, pues sólo de esta manera se le podría dar un lugar en el desfile histórico como el personaje que logró la consumación de la lucha, aunque su nombre nunca se escribiría en la Columna de la Independencia. En síntesis: se buscó

109. Representación de caballeros tigre durante el gran desfile histórico de carros alegóricos del 15 de septiembre de 1910.

integrar a los personajes y los hechos en un flujo histórico sin rupturas. No en balde estaban Sierra y Gamboa detrás de estos asuntos.

Un buen ejemplo de esta interpretación es el álbum que patrocinó la cigarrera El Buen Tono. Era una colección de estampas con las figuras de todos los personajes que, como una cadena sin interrupciones, llegaban hasta Porfirio Díaz: desde los *tlatoanis* aztecas hasta Hernán Cortés, y desde los virreyes hasta a Iturbide y Maximiliano, pasando por todos los presidentes. Otro ejemplo que sintetiza esta visión de la historia fue en la exposición que se realizó en el Asilo Colón, donde se presentaron 19 escenas de la historia moldeadas en cera. Esta exposición, que distó mucho de ser uno de los eventos más fastuosos, permitió mostrar una sucesión histórica en la que no se mostraron fracturas ni exclusiones.

El México antiguo no fue olvidado durante los festejos, pues se promovió el rescate de vestigios arqueológicos, se inaugura-

110. Representación de los españoles durante el desfile histórico de carros alegóricos.

ron nuevos espacios museísticos, se llevaron a cabo visitas a las antiguas ciudades, se realizaron encuentros de antropólogos y arqueólogos y se publicaron algunos libros. Las dos principales figuras de esta parte del programa fueron Leopoldo Batres, visitador y conservador de monumentos arqueológicos, y Francisco del Paso y Troncoso, director del Museo Nacional, quien ya había sido presidente de la Comisión Mexicana en la Exposición Histórica Americana con motivo del cuarto centenario del descubrimiento de América.

Asimismo, los encargados de los festejos, preocupados por encontrar algunos hechos que se mostraran con justicia histórica como prolegómenos de la Independencia, destacaron a dos personajes: Francisco Primo de Verdad y fray Melchor de Talamantes, pues, en 1808, debido a la invasión de Napoleón a España, ambos consideraron que Nueva España no se debía plegar a las órdenes de la metrópoli ni a Napoleón Bonaparte y por ello asumieron que ésa era la oportunidad para proclamar la Independencia.

111. Representación de señores aztecas.

Aunque Primo de Verdad ya había recibido un homenaje previo (el 4 de octubre de 1908), la Comisión Nacional —junto con los miembros del Consejo de Gobierno del Distrito Federal— invitaron a integrantes del Congreso de la Unión, de la Suprema Corte de Justicia, a los periodistas y a los empleados de las distintas oficinas de la administración pública —así como a los representantes de asociaciones científicas, literarias y mutualistas, a los alumnos de las escuelas públicas, a los delegados de las comisiones centrales del Centenario y a numerosos particulares— a realizar un recorrido desde el Zócalo hasta el número 4 de la calle de Santa Teresa, donde se develó una placa que conmemoraba a Francisco Primo de Verdad y Ramos. Al concluir esta ceremonia se entonó el himno *A Verdad,* con letra de José Casarín y música de José Austri, y después cantaron las niñas que cursaban sus estudios en la escuela Ignacio Manuel Altamirano.

En el caso de fray Melchor de Talamantes —tomando en cuenta que el 9 de mayo de 1909 se habían cumplido cien años de su muerte en San Juan de Ulúa— se propuso la inauguración de un monumento que recordara, sobre el castillo de San Juan de Ulúa, la memoria y la abnegación del segundo mártir de la Independencia mexicana [...] a la vez que en la capital de la República se colocaba una placa conmemorativa en la casa número 3 de la Puerta Falsa de la Merced, que habitó el denodado Talamantes.[64]

Pero los festejos "históricos" no se limitaron al México antiguo y los homenajes a quienes presagiaron la Independencia, pues —según se anunció en los periódicos el 23 de agosto— también se llevó a cabo un "viaje a las cuatro cunas de la Independencia".[65] En efecto, Genaro García, director del Museo Nacional de Arqueología y Etnología, iría a Querétaro, Dolores, Morelia y San Miguel de Allende. De igual forma, se encomendó a Luis Castillo Ledón para que buscara documentos en los sitios donde estuvieron Hidalgo, Aldama, Allende, fray Juan de Salazar y Servando Teresa de Mier. Curiosamente, los personajes que interesaban en aquellos años dejaron de hacerlo en el trascurso del siglo XX, cuando Servando Teresa de Mier y el religioso Juan de Salazar pasaron al olvido.

112. Personificación de Agustín de Iturbide.

171

113. Los veteranos de la intervención francesa, Gregorio Ruiz y Emiliano Lojero, escoltan el estandarte de Hidalgo (17 de septiembre de 1910).

También se colocaron placas conmemorativas para honrar a otros personajes que no podrían olvidarse en la conmemoración: una se develó en la casa donde murieron Leona Vicario y Andrés Quintana Roo, otra se colocó en el Real Seminario de Minería y una más se situó en la que fuera prisión de Morelos: el edificio de la Ciudadela, donde el insurgente estuvo antes de ser conducido a San Cristóbal Ecatepec para ser fusilado. En el caso de Morelos, originalmente se había planteado destacar su papel histórico a partir de tres principios: su patriotismo acendrado, el talento organizador y, sobre todo, su visión de estadista. Para ello, se consideró la necesidad de edificar un monumento, cuya construcción se pospuso para el siguiente año, con el fin de celebrar el aniversario secular de su participación en la guerra de Independencia.

Sin embargo, el primer evento vinculado con la historia se llevó a cabo el segundo día de septiembre de 1910; se trata del traslado —desde la capilla de Cuitzeo de los Naranjos— de la fuente bautismal de Miguel Hidalgo al Museo de Antropología, Historia y Etnología.

114. Llegada de la pila bautismal de Miguel Hidalgo, el día 2 de septiembre, traída de Cuitzeo de los Naranjos (hoy de Abasolo), Guanajuato.

Desde su arribo a la estación de tren de Buenavista hasta su entrada al museo, la pila fue transportada en un colorido carro alegórico decorado con arabescos dorados, flores y una bandera sobre la cual un sol alumbraba la escena con la palabra "independencia" y un gorro frigio que decía "libertad". El carro alegórico era tirado por los alumnos de historia de la Escuela Nacional Preparatoria y, desde los balcones de las casas, las familias le arrojaban flores para rendir el primer homenaje al padre Hidalgo.

La procesión de la fuente bautismal de Miguel Hidalgo fue acompañada por más de 30 000 niños y niñas de escuelas públicas y privadas —a algunos privilegiados, ese día les dieron leche condensada Nestlé que se recomendaba "para niños y personas débiles"— [66] y por estudiantes de la escuelas preparatorias y profesionales, como la de Medicina y la de Jurisprudencia.

Tras el carro alegórico, en un automóvil, iba una señora de edad madura con rasgos muy similares a los que se observan en las imágenes del padre Hidalgo, sobre todo las que forman parte de la iconografía oficial. La *Crónica oficial* nos dice que era su nieta, Guadalupe Hidalgo.

173

Los organizadores presentaron a esta mujer como descendiente del padre de la patria, aunque —en realidad— no hay certeza de que lo fuera. No olvidemos que, en su juicio inquisitorial, Miguel Hidalgo nunca aceptó haber procreado familia e hijos; como sí ocurrió en los casos de Morelos y Abasolo, quienes en el último momento y frente al temor del castigo eterno, arreglaron sus cuentas con la Iglesia católica confesando todos sus pecados. Sin embargo, el parentesco de la señora se derivaba de una de las hipótesis que se utilizaban para conocer el aspecto físico de Miguel Hidalgo: los hijos de sus hermanos, quienes —según lo afirmaban sus contemporáneos— tenían un enorme parecido con su histórico pariente. A los entusiastas les encantó la nieta del padre Hidalgo, quien se mostraba sonriente y saludaba desde un automóvil adornado con listones tricolores y rosas, mientras marchaba rodeada por las niñas de la escuela 105.

En la puerta del museo, Justo Sierra esperaba la llegada del contingente para pronunciar el discurso que remataría la celebración, en la que también participaron dos alumnos de la Escuela Nacional Preparatoria y varias alumnas que recitaron una poesía, justo como se acostumbraba en los actos cívicos y escolares.

Desfile histórico

Entre los eventos más destacados que ocurrieron en septiembre de 1910, se acentúa el gran desfile histórico del día 15, pues se afirma que a él asistieron más de 200 000 personas para contemplar a los tres grupos que partieron de Paseo de la Reforma y recorrieron las avenidas Juárez y San Francisco hasta llegar a Palacio Nacional.

El primer grupo, en el que participaron muchos indígenas con caras tristes y nunca entusiastas, representaba la conquista y mostraba a Moctezuma saliendo al encuentro de Cortés. El segundo estaba dedicado a la dominación española y era una

115. Programa oficial del gran desfile histórico.

réplica del desfile que —durante los tiempos de la Nueva España— se organizaba para conmemorar la toma de Tenochtitlan. Finalmente, el tercer grupo representaba la época de la Independencia con carros alegóricos en honor a los héroes de la patria, el cual fue precedido por una réplica de la entrada del Ejército Trigarante a la ciudad de México. Estos tres grandes contingentes —como se muestra en el recuadro— estaban divididos en otros más pequeños.

La indumentaria que se utilizó en este desfile tardó más de un año en confeccionarse y algunas de las armas que portaban los integrantes de los contingentes eran reales. Por supuesto que los balcones, las azoteas y las ventanas de los edificios que se localizaban en las calles por donde pasarían se llenaron de gozosos espectadores.

116. El gran desfile histórico de carros alegóricos del 15 de septiembre de 1910.

117. Otra vista del gran desfile del 15 de septiembre de 1910.

Los grupos del desfile

Primer grupo

Estaba formado por 839 personas. Inició su recorrido en la Plaza de la Reforma, siguió su marcha por la Avenida Juárez y San Francisco. Al llegar a la esquina del empedradillo, los carros que trasportaban a Moctezuma y su comitiva se dirigieron por el frente de los Portales, mientras que Cortés y sus acompañantes por el frente de Catedral, a fin de que el encuentro de ambos se efectuara al pie del balcón principal de Palacio Nacional. Acompañaban a Moctezuma guerreros, sacerdotes, nobles o grandes señores, ministros con varas en las manos, todos mexicas. El grupo de Cortés llevaba soldados escopeteros, ballesteros, algunos a caballo, arcabuceros, frailes, jefes de la república de Tlaxcala y algunos guerreros tlaxcaltecas.

Segundo grupo

Mostraba la época del virreinato ubicándola en torno del año 1740. Fue denominado como el Paseo del Pendón. Un antecedente de este desfile era el organizado durante la época colonial para conmemorar, el 13 de agosto, el aniversario de la toma de Tenochtitlan en 1521. Participaron 288 personas que fungieron como oidores, miembros del ayuntamiento de la ciudad de México, indios principales de Santiago Tlatelolco y el Alférez Real. Dice la *Crónica oficial* que, "en el balcón principal del Palacio del Ayuntamiento estaba colocado, antes del paseo, el Pendón Real que es de damasco carmesí, con el escudo real bordado en oro […] frente al Palacio Nacional se levantó un tablado con cortinajes de la época, en donde se verificó la ceremonia de levantar el pendón".

Tercer grupo

Se dedicó a los momentos estelares de la Independencia hasta llegar a través de algunos detalles al año de 1910. Se presentaron carros alegóricos en honor de Hidalgo, Morelos, el sitio de Cuautla, patrocinado por Veracruz junto con Tabasco y Sinaloa, que presentaron el Gran Carro de la Paz. La escena central fue la representación de la entrada del Ejército Trigarante a la ciudad de México. Al frente iba Iturbide junto a Guerrero, Mier y Terán, Guadalupe Victoria y Anastasio Bustamante. Este grupo recorrió el trayecto que va de la Plaza de la Reforma a Palacio Nacional, regresando por el frente de la Catedral y avenida Cinco de Mayo a su punto de partida.

La historia y los desagravios

Durante casi todo el siglo XIX las relaciones internacionales de México estuvieron marcadas por los conflictos con Estados Unidos, Francia y España. Por esta causa, las fiestas del Centenario se convirtieron en una oportunidad para que Porfirio Díaz buscara algún tipo de "reconciliación" con esos países —especialmente con Francia y España—, pues la normalización de las relaciones con la mayoría de las naciones ya estaba encauzada desde hacía varios años.

Estados Unidos —que en muchas ocasiones fue fuente de roces y conflictos sangrientos— no fue objeto de ningún acto de desagravio por la invasión de 1847. La atención sólo se concentró en el homenaje a los Niños Héroes, el cual se llevó a cabo en Chapultepec, y en el que Porfirio Díaz —en uniforme divisionario— presidió la ceremonia en compañía de las delegaciones invitadas. En esa ocasión, sólo ondearon las banderas de los batallones de San Blas y Mina que fueron tomadas del Museo Nacional de Artillería.

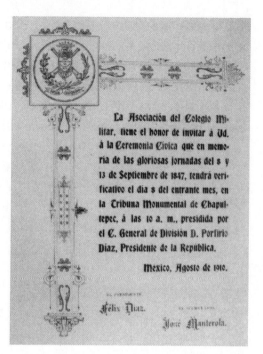

La Asociación del Colegio Militar, tiene el honor de invitar á Ud. á la Ceremonia Cívica que en memoria de las gloriosas jornadas del 8 y 13 de Septiembre de 1847, tendrá verificativo el día 8 del entrante mes, en la Tribuna Monumental de Chapultepec, á las 10 a. m., presidida por el C. General de División D. Porfirio Díaz, Presidente de la República.

México, Agosto de 1910.

EL PRESIDENTE
Félix Díaz.

EL SECRETARIO
José Manterola.

118. Invitación para asistir a la ceremonia cívica en la tribuna monumental de Chapultepec y honrar a los defensores de México durante la guerra de 1847.

En cambio, la presencia de Francia se dio a notar con un acto de gran simbolismo: la devolución de las llaves de la ciudad de México que recibió el general Forey de manos del general Mariano Salas, cuando el ejército francés entró a la capital de la República después de que el presidente Benito Juárez la dejara para salir rumbo al norte del país.

Efectivamente, el 18 de septiembre el delegado francés, Paul Lefaivre, entregó las llaves de plata cincelada, rematadas con un águila emblemática y enlazadas con un listón tricolor. Ellas estaban sobre un cojín de seda que descansaba sobre una bandeja de plata en la que se leía: "Junio 10 de 1863". Hacía ya varios años que el general Forey se las había enviado a Napoleón III como botín de guerra. Las llaves se conservaron en París hasta que el gobierno republicano decidió devolverlas a México. Las recibió Porfirio Díaz y las puso en manos del gobernador de la ciudad de México, para que él se las entregara al presidente del ayuntamiento. Con este mismo sentido simbólico, se llevó a cabo la ceremonia en la que se inauguró el monumento a Benito Juárez, el artífice de la defensa frente a la invasión de los franceses,[67] además del resto de esa defensa: la resistencia republicana.

Si bien es cierto que a lo largo del siglo XIX no se suscitó ningún conflicto armado entre México y España, más allá de los asociados con la lucha independentista, en el ánimo nacional aún se manifestaban la conquista y los 300 años de dominación española. Asimismo, vale la pena señalarlo, durante aquella época las relaciones entre España y México fueron casi nulas debido a la testarudez de Fernando VII, quien tardíamente reconoció a México como nación independiente. Sin embargo, durante las fiestas del Centenario se mantuvo con España una relación especial e intensa, más de tipo emocional y cultural que política, por ello una de las ceremonias más emotivas fue la entrega de varias prendas de José María Morelos al gobierno mexicano.

119. Federico Gamboa, el marqués de Polavieja e Ignacio Salamanca durante el traslado del uniforme de José María Morelos y Pavón.

LOS BIENES DE MORELOS

Durante las fiestas del Centenario, el rey Alfonso XIII devolvió a México el estandarte del Siervo de la Nación junto con otros objetos del prócer: la bandera del batallón de Tepic, la oriflama del cuerpo de caballería de Valladolid, el pectoral del obispo de Valladolid que usaba Morelos, el uniforme de capitán general con dos bandas, otro de teniente general con botones de oro macizo, la espada, el bastón y el sombrero armado con galones y plumas que fueron tomados por el ejército realista en el rancho de las Ánimas, donde los españoles también se apoderaron del archivo y sello del Congreso de Chilpancingo, que se depositaron en el Museo de Artillería de Madrid.

Al recibir los objetos de Morelos, Porfirio Díaz —con la emoción de un hombre de ochenta años que portaba su uniforme de general de división— pronunció uno de los discursos más sentidos de las fiestas del Centenario:

Yo no pensé que mi buena fortuna me reservara este día memorable en que mis manos de viejo soldado son ungidas con el contacto del uniforme que cubrió el pecho de un valiente, que oyó palpitar el corazón de un héroe y prestó íntimo abrigo a un altísimo espíritu que peleó, no contra los españoles, porque fuesen españoles, sino porque eran los opositores de sus ideales; que persiguió, no a España precisamente, sino la realización de una quimera para entonces y dulce realidad después para nosotros: crear una nacionalidad soberana y libre.[68]

Según la *Crónica oficial,* cuando Porfirio Díaz concluyó su discurso, se inició "una delirante ovación", la cual fue coronada por Polavieja, quien "gritó: '¡Viva México! ¡Viva nuestro gran Presidente!' y Díaz [le] contestó '¡Viva España! ¡Viva nuestra Madre grande!'".[69]

La emoción no sólo fue de Díaz, sino de los miles de mexicanos que la mañana del 17 de septiembre aplaudieron a la
comitiva que salió de la Secretaría de Relaciones Exteriores,
escoltando los objetos de Morelos. El delegado especial de España, el capitán general marqués de Polavieja, precedía al cortejo
triunfal, uniformado con traje de gala y con su casaca plena de
condecoraciones. Lo seguía un grupo de gendarmes con traje
de gala, una compañía de la Escuela Militar de Aspirantes y la
cureña de cañón sobre la cual fueron colocados el retrato y los
uniformes de Morelos, tirada por dos troncos de caballos que
conducían cuatro artilleros, y flanqueada por seis sargentos del
Colegio Militar, dos artilleros, dos sargentos de infantería, dos
de caballería y dos de artillería, quienes representaban al ejército en la guardia de honor que acompañaba las prendas de
Morelos.

La comisión fue acompañada por los estandartes insurgentes
y escoltada por un grupo de generales, tres compañías de cadetes y una brigada de tropa regular. Ellos —según se lee en la
Crónica oficial— caminaron entre "una amplia valla" que fue "co-
locada desde las puertas hasta la entrada de Palacio Nacional".[70]

120. Bandera de Morelos.

Además de ese gesto, la delegación española tuvo otro con el mismo Porfirio Díaz: el otorgamiento del Collar de la Orden de Carlos III. En una ceremonia que se llevó a cabo el 19 de septiembre, el marqués de Polavieja impuso a Porfirio Díaz esa llamativa condecoración. Como agradecimiento, cuando Díaz recibió el reconocimiento, se despojó de una de sus condecoraciones más significativas: el Collar del 2 de abril, que le había sido entregado para recordar su victoria sobre las tropas francesas. Cabe señalar que el grado de Gran Collar que se le otorgó a Díaz sólo lo poseían tres personajes: el príncipe Enrique de Prusia, el presidente Failleres de Francia y el recientemente fallecido Eduardo VII de Inglaterra, a quien Porfirio Díaz sustituía en dicho honor.

Con el afán de destacar la presencia de España, Díaz encargó a la Academia de San Carlos una copia del retrato de Carlos III, con el fin de colgarlo en una de las paredes de los salones de recepción de Palacio Nacional. En este acto, Díaz dijo a los asistentes: "México guardará como una presea el retrato que representa a uno de los reyes que más beneficios hicieron a […] Nueva España".[71] Claro, su discurso no tomaba en cuenta que las Reformas borbónicas,[72] si bien permitieron sanear las finanzas españolas y reorganizar la administración central de la monarquía, dañaban la economía de la Nueva España y de todas las posesiones trasatlánticas de Carlos III, un hecho que provocó un malestar que, 50 años más tarde, favorecería el surgimiento de los movimientos independentistas. Díaz, en aquellos momentos, sólo buscaba dejar atrás los rencores del pasado.

Otro acto simbólico para significar la presencia española en las conmemoraciones fue dar el nombre de Isabel la Católica a algunas calles del centro de la ciudad (las que hasta entonces se llamaban San José el Real, del Espíritu Santo, del Ángel, de la Tercer Orden de San Agustín y de Alfaro). La ceremonia se inició en el Salón de Cabildos, donde se aprobó la propuesta de su presidente. Después de esto sus miembros formaron una comitiva que se dirigió a la calle donde estaba la placa con el nombre de Isabel la Católica, misma que fue develada con los acordes de la *Marcha Real*. En ese momento repicaron las campanas y —según afirma Genaro García— se lanzaron "vivas a España y México".[73] De igual forma, el 9 de septiembre en la tribuna monumental del Bosque de Chapultepec, se realizó una ceremonia para iniciar la construcción de un monumento a Isabel la Católica. El acto fue presidido por Porfirio Díaz, quien ensalzó su figura para "honrar la memoria de la gran soberana a quien se debió en mucha parte el descubrimiento del nuevo mundo y que tanto protegió a los habitantes indígenas".[74]

PORFIRIO DÍAZ Y LA IGLESIA CATÓLICA

La relación del México recién independizado con la Iglesia católica se vio enturbiada a lo largo del siglo XIX por la lucha entre conservadores y liberales que ampliaban o limitaban sus privilegios e influencia en la vida nacional. Porfirio Díaz logró un

121. Ceremonia religiosa realizada en la Basílica, en el aniversario de la coronación de la Virgen de Guadalupe.

gran equilibrio y mantuvo buenas y respetuosas relaciones. Incluso se dice que abjuró de la Constitución de 1857 tras la petición que le hizo en su cama de muerte Delfina Ortega, madre de sus primeros hijos.

Era importante tenerla fuera y dentro. Con enorme habilidad política, la presencia de la Iglesia en la conmemoración sólo se concentró en dos actividades: un *tedeum* en honor de los héroes de la Independencia en septiembre y otra ceremonia con motivo del aniversario de la coronación de la Virgen de Guadalupe durante los primeros días de octubre. Al primer caso, a las cuatro de la tarde del 15 de septiembre se convocó, a través de una invitación del nuncio apostólico y el arzobispo José Mora y del Río. La invitación señala: "se recibirá en la Santa Iglesia el estandarte de Ntra. Señora de Guadalupe bajo cuya celestial protección, el señor Cura don Miguel Hidalgo y Costilla y los demás caudillos, pusieron su patriótica empresa de la Independencia Nacional". Los asistentes rezaron el rosario y "se cantó la Salve por la prosperidad y bienestar de nuestra patria y sus

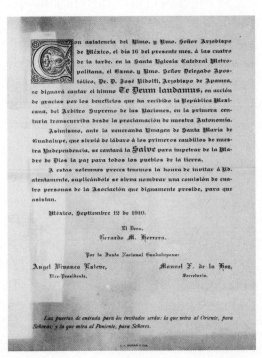

122. Invitación para el *Te Deum laudamus* en la Catedral. 16 de septiembre de 1910.

autoridades". Al siguiente día, a las cinco de la mañana, se celebró una misa para que "se digne conservar incólumes la fe y la autonomía de la nación Mexicana". Por su parte, las asociaciones piadosas velaron la imagen de la Virgen de Guadalupe. A las cuatro de la tarde, con la presencia de la mayoría de las delegaciones oficiales, se cantó el *Te Deum* "en acción gracias al Arbitro Supremo de las Naciones, por los beneficios que de su mano bienhechora ha recibido la República Mexicana".

También se cuidó el aspecto más nacional: la fe popular en la Virgen de Guadalupe. El 9 de octubre se convocó, bajo la presencia del nuncio apostólico, José Ridolfi, y del arzobispo Mora y del Río, al "último día del novenario organizado para solemnizar el XV Aniversario de la Coronación de la Santa Virgen María de Guadalupe, a las 10 de la mañana ha de celebrarse en su Basílica la función que anualmente consagran los mineros católicos". Esta celebración fue patrocinada por el grupo de propietarios de las minas más importantes del país, encabezados por Fernando de Teresa y Miranda.

Se observa el enorme cuidado que tuvo la redacción y, sobre todo, la realización del oficio religioso. Era al final del novenario, iniciado el día primero de octubre para no vincularlo con la celebración oficial en la que sería cuidada la laicidad de la conmemoración. El único acto realizado durante septiembre fue el *Te Deum* en la Catedral Metropolitana al que concurrieron todas las delegaciones y el presidente Díaz y su esposa. Dos días después se inauguró el Hemiciclo a Juárez. Todo se cuidaba.

JUÁREZ, PRESENTE

En julio de 1910, *El Imparcial* publicó una nota interesante: "como todos los años, la patria mexicana ha rendido el debido homenaje al insigne Benito Juárez en el XXXVIII aniversario de su muerte, con una concurrencia de más de cinco mil personas".[75] En aquella ocasión, el desfile que se inició frente al Palacio Municipal llegó hasta el panteón de San Fernando, donde se le rindieron honores al Benemérito. Ahí se construyó una plataforma de honor, la cual fue adornada con banderolas nacionales, guías de flores, crespones negros y un dosel en el centro. En la noche continuó el homenaje con una "tenida blanca que se organizó por los masones del Distrito Federal conforme al ritual de estilo".[76]

La relación entre Benito Juárez y Porfirio Díaz no había sido fácil. Si bien en los inicios de la carrera militar de Díaz el Benemérito lo distinguió en varias ocasiones, la lucha que Díaz inició con el Plan de la Noria dañó la relación que transcurrió durante algunos de los momentos más importantes de la historia del siglo XIX. Sin embargo, durante los últimos años del régimen porfirista se creó un nuevo eje de la historia nacional, la tríada Hidalgo-Juárez-Díaz que pretendía crear una cadena sin fisuras, cuyo último eslabón era Porfirio Díaz. Un paso para situar a Juárez como parte de esta cadena fue la publicación, en 1906, de *Juárez y su tiempo,* la obra de Justo Sierra que fue escrita para conmemorar el Centenario de su nacimiento. Lo mismo puede decirse del monumento que, en ese mismo año, se construyó en su tumba del panteón de San Fernando.

123. Porfirio Díaz devela la placa del Monumento a Benito Juárez el 18 de septiembre.

Por estas razones, en 1910 Porfirio Díaz consideró que era necesario resaltar la figura de Juárez con un monumento. Limantour sugirió el lugar: la Alameda, en el mismo sitio donde se colocaría el quiosco morisco que se trasladó a Santa María la Ribera, donde aún se encuentra. La Alameda, el lugar donde miles de personas paseaban diariamente, era el lugar más apropiado. El monumento —que debía ser el homenaje al triunfo de los liberales en la Guerra de Reforma— tendría que ser majestuoso y sobrio como la personalidad de Juárez. Para su construcción se utilizaron cerca de 1 400 toneladas de mármol y tuvo un costo de 390 685.96 pesos. La voz popular lo llamó Hemiciclo a Juárez, un nombre que hace justicia a su disposición arquitectónica: un medio círculo formado por columnas clásicas, en cuyo centro aparecen las palabras: "Al benemérito Benito Juárez, la patria".

La ceremonia de inauguración del Hemiciclo a Juárez fue presidida por Díaz. En aquella ocasión él colocó, en el centro del monumento, una corona con la bandera nacional. Al finalizar el acto, después de escuchar a Luis G. Urbina, quien leyó una poesía en memoria de Juárez, el enviado especial de Estados Unidos, Curtis Guild, y el embajador Henri Lane Wilson depositaron una corona de flores naturales al pie del monumento y vitorearon a México, a Juárez y a Díaz.

EL GRAN MONUMENTO

Desde 1877, durante la primera presidencia de Porfirio Díaz, se acordó construir en la capital de la República un monumento a la memoria de los héroes de la Independencia nacional y, al año siguiente, se aprobó un proyecto que se quedó guardado. Nuevamente, en 1886, durante su segunda presidencia, se expidió una convocatoria para diseñar un monumento que honrara a los héroes de la Independencia, declarando que se ubicaría en la tercera glorieta de la calzada de la Reforma. Catorce años después, en 1900, el proyecto se encomendó a Antonio Rivas Mercado pero en una nueva ubicación: la cuarta glorieta de la

124. Construcción de la Columna de Independencia cuyas obras, a cargo del arquitecto Antonio Rivas Mercado, iniciaron el 13 de junio de 1907.

misma calzada. Rivas Mercado era el gran arquitecto de aquellos años, pues era el creador de uno de los teatros más originales: el Teatro Juárez —el cual le fue encargado por el entonces gobernador de Guanajuato, Joaquín Obregón— y que fuera inaugurado por Díaz en 1907.

En 1902, en presencia de Porfirio Díaz, se colocó la primera piedra con la que se inició la construcción de una columna que destacaría en la principal avenida del país. Un monumento que a muchos les recordó la columna construida sobre la Avenida Unter den Linden de Berlín y a los elementos arquitectónicos del puente Alejandro III en París. En todo caso, era una reminiscencia de los triunfos militares de la antigua Roma, como la Columna de Trajano o la de Marco Aurelio, que el emperador Napoleón retomó en la parisina Place Vendome. La columna era un tópico de la arquitectura para glorificar las victorias militares. No había, con excepción del arco triunfal, un elemento con mayores vínculos con la idea del régimen y su presidente para conmemorar el inicio de la Independencia.

125. Personas aglomeradas en el Monumento a la Independencia, durante su inauguración el 16 de septiembre.

LOS PERSONAJES DEL CENTENARIO: ANTONIO RIVAS MERCADO

Distinguido arquitecto cuya obra más representativa es la Columna de la Independencia. Otra de sus obras significativas fue el Teatro Juárez de Guanajuato inaugurado por Díaz en 1907. Existen dudas sobre si el rostro del ángel que corona la columna es el rostro de su hija Alicia, cuya hermana María Antonieta, años después, participó en la campaña de Vasconcelos y fue una de las primeras mecenas culturales.

En el libro que editó la Secretaría de Gobernación con motivo de su inauguración, la Columna de la Independencia fue descrita por sus fines arquitectónicos e históricos: "el estilo de la obra, por su naturaleza y por su destino, tenía que ser de una arquitectura grandiosa, a la vez que sencilla y sincera, que no perteneciese a determinada época".[77] En este documento se subrayaba que la columna tenía un carácter glorioso y triunfal. En cuanto su estilo, los redactores —en un lenguaje confuso que si se hubiera aplicado a la Columna no sería una obra equilibrada— afirmaron que no era "ni griega ni romana […] y de concepción moderna, incluso clásica, reconociendo que tenía algo de neoclásica".[78] En conclusión se resaltaba que el monumento reunía "en feliz consorcio, las condiciones de la arquitectura griega, porque es al mismo tiempo sólida, elegante, sencilla y complicada".[79]

Pero, sobre todo, la Columna de la Independencia cumplía con el propósito político de Díaz: perpetuar "el recuerdo de la lucha más brillante de nuestra historia y [de] los que en aquella contienda sucumbieron. Hay en la columna grandeza de pensamiento, belleza de forma, unidad en el plan y variedad en los accesorios".[80]

126. Otra vista de la inauguración del Monumento a la Independencia.

A pesar del entusiasmo por su construcción, pronto se presentó un problema que puso en riesgo su edificación. En 1906 una comisión emitió un dictamen detallado de los problemas de cimentación que habían provocado el desplome de las 2 400 piedras que ya habían sido colocadas. Para corregir este problema, en 1907 se desmontó la Columna y se demolió la plataforma de concreto. La nueva cimentación costó 537 000 pesos y se concluyó en marzo de 1909. Para esta nueva etapa se nombró una Comisión directiva de la obra, integrada por los ingenieros Guillermo Beltrán, Gonzalo Garita y el arquitecto Manuel Gorozpe, y quedó a cargo del arquitecto Rivas Mercado; sin embargo la obra quedaría bajo la responsabilidad del coronel e ingeniero Porfirio Díaz, hijo del General Díaz. Una vez solucionados estos problemas, Rivas Mercado encargó algunos de los materiales a Italia, como el mármol y el granito necesarios.

También se determinó que se colocaría un grupo central con cinco figuras: Hidalgo, Morelos, Guerrero, Mina y Nicolás Bravo. Otro tanto se hizo con la parte escultórica y para ello se encargaron cuatro estatuas sedentes: Paz, Ley, Justicia y Guerra. Además, se colocó un grupo que representa el león y el genio en bronce. A lo largo de la Columna se tallaron laureles y enlaces, así como tres anillos con los nombres de ocho caudillos. En total se inscribieron 24 nombres de insurgentes entre precursores, conspiradores, heroínas, congresistas, guerrilleros, escritores, caudillos y consumadores. Iturbide no fue considerado en la lista.

Roberto Núñez también nos legó una imagen de este acto en una de las cartas que escribió a Limantour:

Pues todavía, si cabe, fue mayor el entusiasmo ayer cuando el Presidente regresó de la inauguración del Monumento a la Independencia y atravesó por toda la avenida, camino que Ud. muchas veces ha recorrido en su compañía. Desde la calzada de la Reforma hasta la entrada a Palacio, sin valla alguna de soldados ni de policía y pudiendo tocar el pueblo los brazos del Presidente, tan cerca de él así estaba, no hacía otra cosa que prorrumpir en gritos de felicitación, en vivas y aplausos, y llenarlo de tal manera de flores que dos o tres veces hubo necesidad de quitar las que caían en el carruaje, y por último, llegó a Palacio como si acabara de venir de un combate de floral. De tal manera fue grande el entusiasmo en todo el público (y puede Ud. creer que es posible que haya habido cerca de mil quinientas gentes en todo el trayecto) que no he podido resistir al deseo de comunicárselo a Ud. hoy por telégrafo [...].

PRÓCERES CUYOS NOMBRES FUERON INSCRITOS EN EL PEDESTAL DE LA COLUMNA DE LA INDEPENDENCIA

Melchor de Talamantes, Francisco Primo de Verdad, José Mariano Sardaneta (marqués de San Juan de Rayas), Mariano Michelena, Epigmenio González, Antonio Ferrer, Josefa Ortiz de Domínguez, Leona Vicario, Mariana Rodríguez, José María Cos, José María Liceaga, Andrés Quintana Roo, Servando Teresa de Mier, José Joaquín Fernández de Lizardi, Carlos María Bustamante, José Antonio Torres, Víctor Rosales, Encarnación Ortiz, Mariano Jiménez, Leonardo Bravo, Pedro Moreno, Pedro Ascencio, José Joaquín de Herrera y Miguel Barragán.

Para efectos de mantenimiento, en el interior de la Columna se construyó una escalera de caracol con 158 escalones que recorren los 45.16 metros de su altura. En la cúspide del monumento se colocó un ángel —que en el lenguaje mitológico es la encarnación de la victoria— cuyo rostro es el de una de las hijas de su constructor: Alicia Rivas Mercado. El costo total de la Columna de la Independencia fue de 2 150 000 pesos.

La inauguración del monumento se llevó a cabo sobre un estrado que, desde Reforma, veía al Castillo de Chapultepec. La ceremonia fue presidida por el general Porfirio Díaz, acompañado por todo su gabinete, los integrantes del Poder Legislativo, del Poder Judicial y los representantes de todas las delegaciones. Éste fue, sin duda, uno de los momentos culminantes del mes de septiembre.

127. Tarjeta postal conmemorativa de la inauguración de la Columna de la Independencia.

Los dos discursos estuvieron a cargo de su constructor y un miembro del gobierno: Antonio Rivas Mercado y Miguel Macedo, subsecretario de Gobernación. Rivas Mercado describió el proceso constructivo, los problemas que se enfrentaron y señaló que "las penurias del erario nunca habían permitido en épocas anteriores realizar obra tan justa".[81] Enfatizó que él sólo tuvo una condición por parte del gobierno: "el monumento debía consistir en una columna que debía erigirse en la cuarta glorieta de Paseo de la Reforma".[82]

Por su parte, Miguel Macedo pronunció un discurso acorde con la retórica política de esos años, con reminiscencias históricas siempre asociadas a Porfirio Díaz y, en la última parte de su alocución, dedicó una loa a España. Al final, uno de los poetas favoritos del momento y simpatizante del gobierno, Salvador Díaz Mirón, leyó un poema escrito para la ocasión y dedicado a don Miguel Hidalgo: "Al buen cura".

La ceremonia fue una de las más atractivas para los miles de espectadores que se congregaron en Paseo de la Reforma a observar a los invitados de otros países, quienes —según dijo la prensa— eran deslumbrantes, pues "los representantes extranjeros y sus acompañantes, tanto diplomáticos como militares, lucían vistosos uniformes que llamaban mucho la atención".[83]

Después de trasladarse a Palacio Nacional, Porfirio Díaz presidió el tradicional desfile militar donde, además de los aplausos que recibieron los rurales, destacó

> [...] la impecable marcialidad de los marinos alemanes, franceses, argentinos y brasileños; después del desfile de los alumnos de las escuelas militares de Chapultepec y Tlalpan, pasaron por las calles de la ciudad y ante los balcones del Palacio Nacional diez mil hombres del ejército nacional, llamando la atención de todos y haciendo despertar el entusiasmo patrio en todos los corazones.[84]

Diversas delegaciones homenajearon a México colocando ofrendas florales en la Columna de la Independencia. El día de su inauguración lo hizo Italia, al día siguiente Brasil y el 18 de septiembre Argentina. Una semana después, *El Mundo Ilustrado* publicó en su primera página: "Aparece el monumento que la nación mexicana elevó a los héroes de su Independencia".[85]

APOTEOSIS DE LOS HÉROES

El último acto de la conmemoración fue la Apoteosis de los Héroes de la Independencia, el cual se llevó a cabo en el Patio Central de Palacio Nacional, donde se reunieron 10 000 personas.

Ahí se colocó un enorme catafalco construido por Federico Mariscal en cuyo centro aparecía una placa con la leyenda "Patria" entre las fechas "1810-1910", coronada con el águila nacional con las alas abiertas. En ese acto final se rendiría tributo a todos los héroes de la Independencia. Ninguno fue excluido.

El discurso del orador principal, Enrique C. Creel, englobó los distintos momentos de la historia de México:

La historia del México moderno, a partir del grito de Dolores hasta el abrazo de Acatempan, y desde el abrazo de Acatempan hasta la celebración del Centenario, es una gloriosa epopeya en que los héroes luchan con los dioses [...] En cuanto grupos, los glorifica la Historia: los precursores, en el martirio algunos de ellos, como Talamantes y el licenciado Verdad; los iniciadores, a cuya cabeza se halla Hidalgo, que el amor del pueblo llama hace años "padre de la patria", los continuadores, que Morelos y Mina acaudillaron, y los consumadores, entre los que descuellan Iturbide y Guerrero.[86]

De este modo quedaba clara la posición del gobierno frente a la historia: era una sucesión sin rupturas y Díaz era el último eslabón de esa cadena.

En su oportunidad, el secretario de Relaciones Exteriores dijo: "aquí se encuentran los restos venerados, las reliquias gloriosas de algunos de los héroes de la Independencia, y aquí están con nosotros los espíritus fuertes de todos ellos".[87] Y al final de su discurso, los reconcilió y reunió sin importar sus diferencias: "héroes, españoles, la mujer mexicana, el sucesor de los egregios mexicanos que se distinguieron en los grandes episodios [...] representantes de todos los cultos y partidos políticos, la unión de la familia mexicana".[88] Todo fue sanar heridas de personajes y hechos.

No es superficial entender por qué fue un religioso, don Agustín Rivera, un gran conocedor de la historia de México, quien participó como orador al final de las fiestas conmemorativas: aunque hablara a título personal, con él estaba la voz de la Iglesia, que tampoco quedó fuera de la apoteosis. En su admiración por Díaz, Rivera alcanzó a decir que "Díaz, era hijo de Hidalgo".[89] Sin embargo, la extensión de su discurso impidió lograr la solemnidad que pretendía. A este respecto, Federico Gamboa nos dice con sentido cáustico:

Y sucedió que el presbítero plumeó demasiado, pues hojas iban y hojas venían y su arenga no daba trazas de acabarse [...] de pronto, Samuel García Cuéllar, jefe del Estado Mayor del presidente, por detrás de mi asiento me habló al oído: El jefe lo llama […] llegué junto a él: vaya usted y dígale al doctor Rivera que abrevie su discurso. No cabía apelación. Torné a ruedo y me acerqué a la tribuna en que el padre, engolfado con su lectura, continuaba impávido […] le hablé por lo bajo, y nada [...] se volvió a mirarme: ¿qué se me ofrecía? En planísimo tono le disparé la bomba: El presidente ruega a usted que corte su discurso. Muy contrariado reanudó la lectura […] que suspendió y lo acompañé a su lugar […].[90]

Pocos se dieron cuenta.

Después, Justo Sierra, secretario de Instrucción Pública y Bellas Artes, leyó un poema de su autoría, antes de que Porfirio Díaz cerrara la conmemoración con un homenaje a México y a sus héroes. La solemnidad retornó cuando el presidente Díaz subió por la escalinata del catafalco y ofreció una corona como expresión de gratitud y recuerdo del pueblo mexicano a los héroes que dieron sus vidas y su esfuerzo por conseguir la Independencia. Un coro de señoritas entonó el Himno Nacional y la gente fue desfilando en silencio. Había quedado claro durante todo ese mes que Díaz había sido la voz de la nación y de la historia.

128. Justo Sierra, secretario de Instrucción Pública y Bellas Artes.

Si se hubiera realizado la ceremonia de la Apoteosis de los Héroes el 30 de septiembre, como estaba en el programa oficial (pospuesta una semana), la culminación de los festejos y el inicio formal de la Revolución no parecerían, hoy, una mala broma de la historia.

Porque a cientos de kilómetros de la ciudad de México y de Palacio Nacional —sede del gobierno y símbolo material del poder presidencial y de Porfirio Díaz— Madero, proveniente de San Luis Potosí, ese mismo día cruzó la frontera estadounidense en cuyo territorio esperaría la llegada del 20 de noviembre para iniciar la Revolución.

El retraso se debió a una simple razón: el monumento no estuvo listo. Esto provocó que más de 4 000 personas de "todas las clases sociales" —según *El Imparcial*— se quedaran frente a las puertas de Palacio Nacional ese día: "damas ataviadas con soberbios trajes, caballeros de etiqueta, niñas y niños, profesores y profesoras, familias de la clase media".

129. En el patio de Palacio Nacional se colocó un enorme catafalco construido por Federico Mariscal, coronado con el águila nacional de alas abiertas y, en cuyo centro, se colocó una placa que decía "Patria".

El autor del monumento, en el que se depositarían los restos de los héroes que esa mañana habían sido transportados desde la Catedral era Federico Mariscal, discípulo de Adamo Boari, quien construyó el Palacio de Bellas Artes y que tampoco se concluyó para esas fechas sino hasta 1934, cuando habían ya muerto casi todos los héroes de esa revolución anunciada, y que continuaría en otra etapa Lázaro Cárdenas ese mismo año. Pero esa mañana la atención estaba concentrada en un monumento tan efímero como todas las palabras que ese mes, septiembre de 1910, se escucharon en todo el territorio nacional.

En cambio, el evento programado ese mismo día para rendir homenaje a Josefa Ortiz de Domínguez frente a su estatua en el Jardín de Santo Domingo sí se llevó a cabo en tiempo y forma. Incluso, en aquella ocasión, hubo un discurso a cargo de la niña Margarita Cantón, al que se calificó como "tierno y persuasivo".[91]

Grandes manifestaciones artísticas y culturales

El concepto "cultura nacional" nació en nuestro país durante el siglo xx, después de la Revolución de 1910. Por lo tanto, cualquier referencia al sentido nacionalista en los contenidos culturales de la conmemoración del Centenario es ajena a las ideas de sus contemporáneos. Sin embargo, esto no obsta para que algunos de los eventos tuvieran un contenido mexicano y que se mostrara un claro orgullo por las culturas prehispánicas.

A pesar de que durante el convulsionado siglo xix no se logró una recuperación clara del mundo de los antiguos mexicanos, los tiempos de Porfirio Díaz estaban marcados por una suerte de cosmopolitismo artístico. La narrativa mexicana de finales del siglo xix estaba influida por el naturalismo y el realismo de la novela francesa, la poesía por el romanticismo. Sólo bajo estos parámetros puede comprenderse la edición, en algunos casos casi efímera, de la *Revista Azul* y la *Revista Moderna,* las cuales alentaron el modernismo y publicaron —entre otros— a Justo Sierra, Manuel Gutiérrez Nájera, Amado Nervo, José Juan

Tablada, Luis G. Urbina y Salvador Díaz Mirón. En aquellos días, un personaje importante, no sólo para las letras sino para la conmemoración misma, era Federico Gamboa, un ejemplo del naturalismo mexicano, cuya *Santa* era una de las novelas más leídas y la primera en ser llevada a la pantalla y que, además, se convertiría en el primer ejemplo del cine sonoro.

130. Luis G. Urbina, secretario particular de Justo Sierra en la Secretaría de Instrucción Pública y Bellas Artes.

LOS PERSONAJES DEL CENTENARIO: LUIS G. URBINA

Fue secretario particular de Justo Sierra en la Secretaría de Instrucción Pública y Bellas Artes. Junto con Pedro Henríquez Ureña y Nicolás Rangel realizó la más grande tarea literaria emprendida hasta entonces en México. El propósito era el rescate de los más importantes textos literarios del México independiente. Dicho trabajo constituyó la *Antología del Centenario*, en la que participó el propio Justo Sierra, diariamente después de las ocho de la noche, al haber concluido sus labores como ministro de Instrucción Pública.

Por su parte, la música estaba influida por las corrientes alemanas y francesas, como la anterior generación de mexicanos estuvo marcada por la italiana, cuyos mejores ejemplos fueron los grandes creadores de óperas, como Melesio Morales. Los más destacados compositores del porfiriato y sus obras fueron Ricardo Castro —quien además era un consumado pianista—, Felipe Villanueva y Gustavo E. Campa, mismos que poco tiempo después serían nombrados por Carlos Chávez como la primera generación del Conservatorio Nacional.

En las artes plásticas, la creación era más variada, pues había partido del academicismo y la influencia del paisajismo romano para el descubrimiento geográfico de México, al que pronto se sumaría una visión cientificista y naturalista. Además de estas tendencias, había artistas independientes como los retratistas J. M. Estrada y Hermenegildo Bustos, quienes fueron casi contemporáneos de Joaquín Clausell —el creador de una visión propia del impresionismo y del puntillismo de Romano Guillemin—; Saturnino Herrán, el gran dibujante que introdujo el folclor y el indigenismo arqueológico; y Julio Ruelas, que se convirtió en vocero del postimpresionismo y un precursor del surrealismo. Desde luego que, entre estos artistas, ya se encontraba Diego Rivera, quien al cabo de unos años se convertiría en uno de los impulsores de la Escuela Mexicana de Pintura. Es importante reconocer que una buena parte de los artistas del siglo XIX y de principios del XX construyó algunos imaginarios en los que la pintura y la escultura tenían la función de crear una identidad y de propagar los ideales positivistas de una patria caracterizada por la paz y el progreso.

Un caso aparte es el de José Guadalupe Posada, pues le abrió la puerta al México no incluido, ya que —con una mezcla de buen humor y sentido trágico— muestra lo racional y lo irracional a través de representaciones en las que se mezclan la muerte y la fantasía. Su obra, estrechamente vinculada con la imprenta de Vanegas Arroyo y con el grabador Manuel Manilla, va mucho más allá de la "gráfica del humor" o de la estampa popular y la caricatura social, justo como lo muestran sus grabados que se publicaron en *El Hijo del Ahuizote* o *El Jicote*. El cometa Halley, uno de los asuntos que marcaron el año de 1910, tampoco faltó en sus ilustraciones, el grabado que se publicó el 30 de mayo de 1910 en la portada de *El Diablito Rojo* "muestra —según María de las Nieves Rodríguez y Méndez de Lozada— [...] la inestabilidad y la crisis política que vivía la ciudad".

Asimismo, en aquellos años, con la intención de impulsar al país en materia cultural, se creó en 1892 la Fundación Artística Mexicana, un organismo gracias al cual se produjo la mayor parte de obras bajo patrocinio gubernamental y de la iniciativa privada. El presidente Díaz fungía como su administrador y tenía poder de decisión sobre cualquier aspecto de la producción escultórica, a pesar de que Jesús F. Contreras era fundador y director de dicha institución.

La Fundación Artística Mexicana no fue el único esfuerzo del régimen para promover el desarrollo de las artes. En los últimos años del siglo XIX, una de las mejores formas de demostrar que un país se encontraba en un inminente proceso de modernización era el estímulo a la formación de los artistas. En esos años, México otorgó un gran apoyo a los jóvenes creadores. Para lograr esto se les entregaron becas para viajar, sobre todo, a París, centro cultural universal de esos tiempos finiseculares. Los primeros beneficiarios de esta política fueron Jesús F. Contreras y los hermanos Dos Guerra y Nava.

En este contexto, el programa oficial de los festejos del Centenario también consideró como prioritaria la realización de exposiciones de artistas vivos, en su mayoría jóvenes. Asimismo, el programa se complementó con algunas muestras internacionales que, por primera vez, permitieron que los mexicanos se aproximaran, en su propio país, al arte oriental y una parte del europeo. Entre las varias exposiciones que se llevaron a cabo destacaron la japonesa, la española, la de figuras de cera, la geológica, la popular, la médica, la de higiene y la de agricultura y ganadería.

Ésta fue la oportunidad para mostrar el proceso de modernización que tanto interesaba a Díaz y no sólo fiestas, como tanto

131. Porfirio Díaz a su llegada a la inauguración de la exposición ganadera de San Jacinto el día 24 de septiembre.

se ha repetido. En la Exposición de Higiene se mostró el aprovisionamiento de agua, los modelos en pequeño tamaño de pozos a flor de tierra con malacate, bombas a mano y movidas por electricidad. También se exhibieron modelos de los sistemas de aprovisionamiento de agua de Celaya y la ciudad de México, y de las bombas instaladas en la calzada de la Piedad. La exposición también reunía los planos de drenaje, los nuevos sistemas de inhumación, las estadísticas de enfermedades —tuberculosis, tifo y escarlatina—, aparatos para descubrir las adulteraciones en las sustancias alimenticias, así como para hacer análisis cuantitativos de grasas y azúcares. Por último, en ella se mostraban los resultados de la higiene en vecindades, escuelas, baños, hospitales, mercados, lecherías, carnicerías y los carros para el transporte de alimentos. Todo esto fue acompañado por conferencias y pláticas a cargo de los principales médicos del país, encabezados por el doctor Liceaga.

En lo que respecta a la exposición ganadera, se prefiguraba una separación entre las tareas de fomento y "un cuerpo agrario que estudia horticultura, ingeniería rural, parasitología vegetal, análisis e investigaciones", dijo la prensa esos días. En todas ellas, el arte, la ciencia y el progreso se entrelazaron para mostrar al México de Díaz.

132. Inauguración de las nuevas obras de agua potable de la ciudad de México. 21 de septiembre.

La Exposición de Arte Nacional en el Museo de San Carlos despertó mucho interés: no era común que se organizaran muestras de obra de artistas vivos. Eso le hizo escribir a uno de los reporteros del *El Mundo Ilustrado*: "muchos años hace que los artistas mejicanos [*sic*] que se dedican a las artes gráficas, no habían hecho una manifestación de su valer, como la que han hecho con motivo del Centenario [...pues a estos] pintores, escultores y dibujantes les está garantizado un porvenir".[92]

En esta exposición se presentaron 40 esculturas y 300 pinturas, dibujos y grabados del Doctor Atl, Jorge Enciso, Saturnino Herrán, Armando García Núñez, Germán Gedovius, Joaquín Clausell y Diego Rivera quien desde 1907 vivía en París —gracias a una beca que le concedió el gobernador de Veracruz, Teodoro

Dehesa— y que para esos días regresó a México. La entrada a la exposición fue gratuita y de ella, en el mismo diario, se publicó una foto en la que están los expositores y donde el Doctor Atl aparece acostado en el suelo.

Con este incipiente espíritu de revaloración de lo propio, también se reorganizó la colección del Museo Nacional de Arqueología, Historia y Etnología, y se celebró la reapertura de los museos de arqueología, tecnología y mineralogía.

Especial interés despertó la exposición española que provocó cierta decepción. En ella participaron Sorolla, Chicharro, Benlliure, Villegas y Urgell, entre otros. Sobre ella, en *El Mundo Ilustrado*, escribió Carlos González: "la sensación que dejan los cuadros expuestos tiene un no sé qué de incompleto; no satisface del todo; no llena en absoluto. Hay lienzos magníficos en medio de muchas telas mediocres o malas".

Entre las exposiciones realizadas para la conmemoración, vale la pena destacar la que convocó el Círculo Católico a través de una carta de Gabriel Fernández Somellera, en la que se se-

133. Justo Sierra y miembros del Congreso Americanista visitando Teotihuacán.

ñalaba: "Deseoso de coadyuvar en la medida de sus fuerzas, al mayor lucimiento de las fiestas que México prepara para solemnizar al Centenario, realizar una exposición de artefactos indígenas sobre el estado que guarda esa legendaria industria y la urgente necesidad de estimularla para su desarrollo y prosperidad, en beneficio de sus productores". Asimismo, en esta carta, cuyo pensamiento no era ajeno a la encíclica *Rerum Novarum* de León XIII, se dejaba ver una preocupación social y de reconocimiento a los indígenas y se planteaba la necesidad de que los curas de las distintas poblaciones fueran parte de la organización de los festejos.

Cabe señalar que este círculo católico fue la base del Partido Católico que sostuvo la elección de Madero en 1912 y que obtuvo algunos triunfos, en especial en los estados del centro y occidente, sobre todo Jalisco y Zacatecas. Posteriormente, en las elecciones de 1913, postuló a Federico Gamboa, responsable del programa de las delegaciones invitadas para las fiestas de septiembre.

Otra exposición importante que permitió conocer el avance científico del país fue la Exposición Médica, en la que se mostraron aparatos e instrumental quirúrgico junto con la experiencia de los procesos operatorios que se llevaron a cabo durante el primer siglo de vida independiente del país.

EN ESCENA

Fueron innumerables las funciones de música y ópera. Para ello, la Secretaría de Instrucción Pública y Bellas Artes dispuso que el Teatro Arbeu contara con la maquinaria más moderna, la cual le permitiría montar —con los mejores estándares internacionales— las funciones teatrales de ópera, así como presentar los recitales y conciertos sinfónicos. El teatro fue ampliado y ornamentado para que desempeñara con garbo su papel de teatro oficial durante las fiestas del Centenario. Sin embargo, las obras del Arbeu terminaron siendo criticadas por la prensa, cuyos comentaristas

134. Fachada del Teatro Lírico.

no dudaron en señalar: "por supuesto que el remiendo, aunque costó mucho dinero, no pasó de *remiendo*".[93]

El primer concierto de 1910 fue la repetición —en el Teatro Arbeu— de un concierto realizado el 29 de diciembre del año anterior. Para esta primera función, "no quiso el maestro organizador exponerse a que el veleidoso público la dejase vacía [...] y por ello distribuyó las localidades [...] entre familias pudientes y distinguidas".[94] Así, con un lleno casi garantizado, el 5 de enero de 1910 se escuchó a la orquesta del Conservatorio Nacional de Música interpretar la sinfonía *En el bosque*, de Joachim Raff, un compositor alemán muy en boga en esos años y que ahora difícilmente se incluye en los programas. La función también incluyó la *Obertura 1812*, de Tchaikovsky, una obra que, desde su primera interpretación, estuvo asociada con las conmemoraciones cívicas e históricas, justo por su nexos con la derrota de Napoleón en Rusia.

Dada la inexistencia de grupos artísticos con temporadas regulares —con excepción de la orquesta del conservatorio y la efímera orquesta que dirigía Julián Carrillo— se hizo necesaria la contratación de artistas internacionales. Así, para la celebración del Centenario se creó una programación especial con artistas extranjeros que, en algunos casos, alcanzaron éxitos clamorosos, justo como le ocurrió al niño Pepito Arriola, de 12 años, a quien luego de sus conciertos en el Teatro Colón, Porfirio Díaz ofreció un banquete en su honor. Según reseñó la prensa, éste le regaló al joven artista "un juego de finísimos botones de pechera ostentando brillantes y esmeraldas".[95] Cuando Díaz le entregó el obsequio, no dudó en decirle: "aquí tienes, Pepito, este presente: son de los que yo uso".[96] Pepito continuó su gira triunfal por varias ciudades del interior hasta que, el 21 de septiembre, Manuel González de Cosío, ministro de Guerra y Marina, le ofreció una tamalada de despedida.

El 22 de septiembre se ofreció un concierto a los miembros del IV Congreso Médico Nacional. La música fue de Tchaikovsky y se volvió a escuchar la *1812* en el teatrillo del Conservatorio en Puente de Alvarado. Durante los intermedios de este concierto se entregaron algunos panfletos en los que se anunciaba la nueva temporada del Teatro Arbeu, que comenzaría el 16 de octubre y en la que se tocarían las sinfonías de Beethoven, "algunas de ellas no oídas en México hasta entonces".[97] Los precios de las entradas oscilaban entre dos y doce pesos. El mayor éxito de esta temporada ocurrió el 6 de noviembre, cuando —por primera vez en México— se escuchó la *Novena sinfonía* dirigida por Carlos J. Meneses. Al final de ese concierto, los últimos compases del *Himno a la Alegría*, apenas podían escucharse por los aplausos atronadores.

Como "prólogo de las fiestas del Centenario de nuestra gloriosa Independencia",[98] el 27 de agosto, la Sociedad Impulsadora de la Ópera Nacional dispuso el estreno de *Nicolás Bravo o la clemencia nacional,* ópera que mostraba la contención de la venganza del héroe insurgente, al enterarse de que su padre había sido asesinado por los españoles. La obra, que nunca se volvió a representar después de ese año, impresionó al público gracias a su final en el que se escuchaban "fanfarrias, charangas y el Himno Nacional".[99] Esta obra fue compuesta por Rafael J. Tello y el libreto —que era de Ignacio Mariscal— se publicó bajo el seudónimo de Aduna y fue interpretada por la orquesta del Conservatorio Nacional de Música. La función se repitió el 11 de septiembre y, en esa ocasión, el costo de los boletos oscilaba entre los de tres y 21 pesos.

Nicolás Bravo o la clemencia nacional sólo fue el inicio de la temporada de ópera que se anunció ofreciendo "suntuosas" escenografías del Teatro Metropolitan de Nueva York, así como la participación de los más importantes cantantes de la época que se reunirían para formar la "Gran compañía de ópera italiana", cuyo programa se publicó en *El Mundo Ilustrado* gracias al patrocinio de los automóviles Lancia.

Como todos los espectáculos relevantes de las fiestas de septiembre, la temporada se programó en el Arbeu y se fijaron precios excepcionales para las entradas: el palco con seis lugares para las 16 funciones costaba 725 pesos, 32 por cada asiento; el más barato valía ocho pesos. El encargado de la compañía se designó por medio de una comisión *ad hoc* que nombró el secretario de Instrucción Pública. Sus integrantes, luego de examinar las solicitudes presentadas por varios empresarios, se decidieron por un tal Rabinoff.

El viernes 9 de septiembre se inició la temporada con *Aída* de Verdi, seguida de *Lohengrin, Madame Butterfly, Otello, Bohemia, Gioconda, Tosca, Cavalleria rusticana* y *Pagliacci, Rigoletto, Fausto, Romeo y Julieta, Traviata, Sansón* y *Dalila* y *Manon*. Un repertorio muy al gusto de la época. Los títulos eran bastante conocidos por los fieles asistentes a la ópera, quienes además eran asiduos asistentes a las temporadas de los grandes teatros europeos, por lo que, en esa ocasión, la prensa señaló que "desde un principio, se notó en el público una hosquedad extraordinaria que resultó de un engaño, la temporada continuó de tan [de] mal en peor que hicieron que el público mandara una carta a Justo Sierra".[100]

Pero los problemas de la temporada no se limitaron a las críticas de la prensa y los melómanos: Rabinoff —quien había actuado como intermediario de un señor llamado Gaspar de

Alba— terminó en los tribunales. Durante el juicio, el encargado de la compañía argumentó en su favor que había pedido apoyo a Justo Sierra para traer ballets rusos, los cuales habrían sido mucho más atractivos que los trillados títulos operísticos. Si Rabinoff hubiera logrado su cometido, ésta habría sido una ocasión única para que se presentara en México el espectáculo más polémico de esos días y que marcó el inicio de una nueva época para la música con Stravinsky, y para la danza con las coreografías de Diaghilev. Pero la solicitud de Rabinoff no progresó y las autoridades le propusieron que organizara la temporada en seis semanas con una subvención de 80 000 pesos. Finalmente, la Secretaría de Instrucción Pública obligó a Rabinoff a pagar una multa de 2 000 pesos.

Un actor de la época —apellidado Cardona— el 8 de octubre de 1910,[101] publicó una carta para argumentar que él había hecho una propuesta similar con un costo diez por ciento por debajo de la de Rabinoff. De igual manera, en este documento señaló que —amparado por una experiencia de once años— también presentaría una compañía dramática con su esposa Virginia Fábregas. El asunto no prosperó y sólo quedó en escándalo y conocimiento de quienes recibieron los volantes distribuidos en la avenida San Juan de Letrán. Lo que no precisaban esos panfletos es que, cuando Cardona supuestamente había hecho esa propuesta, ya estaba en trámites de divorcio con la Fábregas. La voz popular dijo que lo había hecho animado por perturbaciones mentales de las que murió poco después.

El Teatro Virginia Fábregas también fue remodelado para el Centenario y estuvo listo para septiembre, cuando se arrendó para la apertura de las sesiones de la XXV Legislatura del Congreso, ante la cual Porfirio Díaz leyó su informe presidencial, pues el recinto legislativo de Donceles se había quemado en 1909. La vida teatral del Fábregas continuó sin tropiezos y, al día siguiente del informe presidencial, en su escenario se presentó *Amores y amoríos*, mientras que en el Teatro Colón, Prudencia Grifell actuó en *Zaragueta*, de Vital Aza, y en *Al natural*, de Jacinto Benavente.

EL GRAN ESCENARIO

La obra cultural más importante que debió inaugurarse en aquellas fechas —y que no fue posible concluir por razones presu-
puestales y de construcción— fue el teatro que ahora se conoce
como Palacio de Bellas Artes.

Su construcción se inició en 1904 y el edificio recibió el nombre de Teatro Nacional.[102] El objetivo de esta obra era sustituir
al antiguo Teatro Santa Anna que se encontraba en las calles de
Vergara, hoy Bolívar, y que, entre 1842 y 1844, fue edificado por
el arquitecto español Lorenzo de la Hidalga.

El teatro se construyó en parte del antiguo predio del con-
vento de Santa Isabel y quedó frente al Palacio de Correos que
había sido inaugurado en 1907. Su diseño arquitectónico era
de estilo *Art Noveau*, semejante al de la Scala de Milán.

Para la construcción del nuevo Teatro Nacional, la Secretaría
de Comunicaciones y Obras Públicas convocó a un concurso
internacional que ganó el italiano Adamo Boari. Manos de otras
nacionalidades también se ocuparon de la decoración interna.

135. El Palacio de Bellas Artes en construcción.

Esto fue lo que ocurrió con los vitrales de la bóveda interior que representan a Apolo y las nueve musas, con el arco que rodea la escena y que está decorado con un gran mosaico conocido como *El teatro a través de las edades*, obra del húngaro Geza Marotti, y con la impresionante cortina de cristal con el Popocatépetl y el Ixtlacíhuatl que fue realizada por la casa Tiffany's.

La obra, como ya se señaló, no llegó a inaugurarse en 1910. Sin embargo, es necesario aclarar que, a partir de 1912, los trabajos empezaron a interrumpirse hasta que quedaron detenidos por completo. Al comenzar los años treinta se reinició la obra, esta vez dirigida por Federico Mariscal, y fue finalmente inaugurada el 29 de septiembre de 1934. El teatro, que se inició con una marcada influencia del *Art Nouveau* y se terminó con una decoración *Art Decó*, muestra el lujoso contraste del porfirismo de su exterior con la sobriedad posrevolucionaria de su interior.

LA CELEBRACIÓN EN PALABRAS

136. Pedro Enríquez Ureña, junto con Luis G. Urbina y Justo Sierra, estuvo a cargo de la *Antología del Centenario*.

Con el fin de que las conmemoraciones llegaran a otros públicos, también se preparó un programa de ediciones que incluía obras para todas las edades. Entre los muchos títulos que se publicaron destacan la *Biblioteca infantil de la Independencia* y la colección *Documentos para la historia de la emancipación política*, la cual fue encomendada al Museo Nacional de Arqueología, Historia y Etnología.

Una obra que se editó con motivo del Centenario —y que aún es un material de referencia para el conocimiento de la historia de las letras mexicanas— es la *Antología del Centenario,*[103] que estuvo a cargo de Luis G. Urbina, Pedro Henríquez Ureña y Justo Sierra, quien trabajaba en ella al terminar sus labores como ministro de Instrucción Pública y Bellas Artes.

El Mundo Ilustrado, en un artículo firmado por Manuel J. Revilla —a quien se puede considerar como uno de los primeros historiadores del arte mexicano— afirmaba, a propósito de esta obra, que: "quien no ama la lengua de la patria, no ama la patria". Revilla no se conformó con esto y señaló además que la antología era un "fastuoso monumento levantado a las letras nacionales y al patrio idioma".[104]

La *Antología del Centenario* —que buscó crear los hilos conductores de las letras nacionales, pues "en todas las épocas ha producido flores nuestra literatura"—[105] fue un esfuerzo titánico. De ella dijo Alfonso Reyes: "La intuición, pues, y el educado gusto del poeta Urbina; el sólido criterio de Pedro Henríquez Ureña; la acucia diligente de don Nicolás Rangel, y una especie de orientación natural instinto en todos ellos, para los hallazgos biográficos y bibliográficos, son las causas de un efecto tan admirable".[106]

Las ciencias no quedaron fuera del programa editorial, pues, entre otros libros, se publicó un *Álbum médico* dedicado a mostrar la evolución de esa ciencia. La historia, como es de esperarse, también tuvo un lugar protagónico con un *Hidalgo íntimo,*[107] o con la *Guía para visitar los monumentos arqueológicos situados entre Puebla y Oaxaca,* firmada por Leopoldo Batres.[108]

Incluso, como alarde de innovación tecnológica en la educación, se produjo una colección de 300 vistas estereoscópicas de los lugares donde ocurrieron los sucesos importantes de la vida de Hidalgo, una obra que se destinaría a las escuelas primarias, cuyos alumnos deberían ver este material durante septiembre. Asimismo, el 1 de septiembre de 1910, en todo el país y por disposición de la Dirección General de Instrucción Primaria de la Secretaría de Instrucción Pública, en todas las escuelas se leyó la microbiografía que sintetizaba la vida del padre Hidalgo.

ATENEO DE LA JUVENTUD

Entre las múltiples conferencias que se ofrecieron en aquellos días, destacaron por su novedad y frescura las que fueron dictadas por los integrantes del Ateneo de la Juventud. Esta asociación tuvo sus antecedentes inmediatos en la Sociedad de Conferencias, creada en 1907, y en la aparición de *Savia Moderna*, la revista fundada por Luis Castillo Ledón y Alfonso Cravioto quien la financió durante los cinco únicos números que se publicaron, y en cuyas páginas aparecieron —entre otros— textos de Luis G. Urbina, Alfonso Reyes y Manuel José Othón, con ilustraciones de Diego Rivera, Saturnino Herrán, Ángel Zárraga y Roberto Montenegro, quienes fueron acompañados por los fotógrafos Casasola, Lupercio y Kampfner.

LOS PERSONAJES DEL CENTENARIO: EL ATENEO DE LA JUVENTUD

Asociación cultural formada por 31 miembros, a los que fueron sumándose otros jóvenes creadores de las más variadas disciplinas: escritores, poetas, pensadores, pintores y músicos, quienes construyeron las bases del desarrollo cultural de México en el siglo XX. Tuvo su origen en la revista *Savia Moderna* y la Sociedad de Conferencias. Su participación fue importante por las conferencias que mostraron una nueva manera de concebir al país e Hispanoamérica.

137. Antonio Caso dictó la conferencia: "La filosofía moral de Eugenio de Ostos", durante los festejos.

Estas experiencias —en parte debido a la convocatoria de Antonio Caso— los llevaron a constituir una nueva asociación cuyos miembros más destacados fueron José Vasconcelos, Pedro Henríquez Ureña, Alfonso Reyes, Manuel M. Ponce, Diego Rivera y Saturnino Herrán. Su participación en las fiestas de septiembre se dio a través de seis conferencias, dictadas en septiembre y octubre, que planteaban un nuevo modo de entender el mundo, al tiempo que ofrecían nuevas visiones que retomaban la metafísica de las ideas.

Conferencias y conferenciantes del Ateneo

La filosofía moral de Eugenio de Ostos por Antonio Caso
Los poemas rústicos de Manuel José Othón por Alfonso Reyes
La obra de José Enrique Rodó por Pedro Henríquez Ureña
El Pensador Mexicano y su tiempo por Carlos González Peña
Sor Juana Inés de la Cruz por José Escofet
Gabino Barreda y las ideas contemporáneas por José Vasconcelos

---

En estos temas destacan, dice Álvaro Matute, el nacionalismo en las conferencias dedicadas a Othón, Sor Juana, Fernández de Lizardi; mientras que en las dedicadas a Rodó y Ostos se muestra el iberoamericanismo. Los ateneístas, sin duda alguna, fueron una generación cuyo propósito era abrir nuevas opciones de pensamiento ante el positivismo imperante y difundir el de otras corrientes. La suma de talentos que reunió el Ateneo fue una semilla importante de la acción educativa y cultural que nacería de la Revolución. No en balde cuatro de sus jóvenes creadores fueron rectores de la Universidad Nacional: Antonio Caso, Alfonso Pruneda, Genaro Fernández MacGregor y José Vasconcelos, este último también como la principal referencia educativa durante el siglo XX.

138. José Vasconcelos, miembro destacado del Ateneo de la Juventud, dictó la conferencia: "Gabino Barreda y las ideas contemporáneas", durante las celebraciones del Centenario.

En las aulas

La reforma educativa fue un aspecto prioritario del gobierno de Díaz. Después de que la enseñanza estuvo en manos de diversas órdenes religiosas durante el siglo XIX, el pensamiento liberal rompió estas ataduras para crear una instrucción basada en el modelo francés y que tenía como inspiración doctrinaria al positivismo.

El primer gran acto educativo después de las guerras de intervención ocurrió durante la República restaurada: Juárez invitó a Gabino Barreda para reorganizar la educación sobre la base de la filosofía positivista con el fin de crear un nuevo orden social. Las lecciones de Barreda, que había tomado de Comte durante su estancia en París, le habían enseñado que la filosofía no sólo era una especulación, pues estaba encaminada a fundar un nuevo orden social. Debido a esto, se pretendía educar a todos los mexicanos con un nuevo concepto sobre la naturaleza y la vida social. Las ciencias debían alcanzar la verdad irrefutable de las cosas y el orden social, idea que quedó resumida en el principio: "saber para prever, prever para obrar". Sólo la verdad científica crearía la unión.

139. Porfirio Díaz preside la inauguración de la Universidad Nacional, en el anfiteatro de la Escuela Nacional Preparatoria.

Durante el porfiriato, los esfuerzos educativos no se detuvieron. En 1905 se escindió la instrucción pública del Ministerio de Justicia para crear una secretaría responsable. Díaz designó como su primer titular al prestigiado y talentoso Justo Sierra, quien sería acompañado por un subsecretario de altos vuelos: Ezequiel A. Chávez. En 1910 la infraestructura educativa del país contaba con 9 692 escuelas oficiales con 191 000 alumnos, y 2 726 privadas, con casi 700 000, en un total de 12 648 aulas atendidas por 22 000 profesores. Las escuelas se concentraban en el Distrito Federal y el costo promedio por alumno era de 14.69 pesos al año.

Por estas razones, no podía faltar en el programa de las conmemoraciones un capítulo referente a la dotación de una nueva infraestructura educativa, en la que pudieran desarrollarse las nuevas concepciones pedagógicas que formarían a los mexicanos. Sin duda, el tema educativo fue uno de los más brillantes de esta conmemoración, dadas las limitaciones de la época.

Entre las principales escuelas que se vincularon con las fiestas del Centenario, destacan la Escuela Nacional Primaria Industrial para Niñas La Corregidora de Querétaro, inaugurada el 7 de septiembre, y la Escuela Normal Primaria para Maestros, a la que se destinó una superficie de 22 500 m^2 al sur de la calzada de Tacuba y cuya construcción tuvo un costo de 1 195 077.05 pesos. Las dificultades para obtener estos recursos no fueron pocas y quedaron perfectamente descritas en una carta que, con buen humor, Justo Sierra envió a Limantour. En este documento, don Justo decía a José Yves que, en lugar de llevar a los extranjeros a las ruinas aztecas, habría que llevarlos a las ruinas de la Normal.[109]

La construcción de la Normal estuvo bajo responsabilidad del teniente coronel e ingeniero Porfirio Díaz, quien coordinó los trabajos que duraron un año, desde la colocación de la primera piedra hasta la inauguración del plantel, que se llevó a cabo el 12 de septiembre de 1910. Durante esta ceremonia se presentaron algunos números musicales bajo la dirección del joven Julián Carrillo, quien posteriormente sería el creador del Sonido 13.

140. Inauguración de la Escuela Normal para Profesores el 12 de septiembre.

Los personajes del Centenario: Porfirio Díaz Ortega

Hijo de Porfirio Díaz y Delfina Ortega Díaz. Siguió la carrera militar pero se dedicó a la ingeniería civil. Fue el constructor de la Escuela Normal de Maestros y del Manicomio de la Castañeda. Al terminar las fiestas del Centenario fue nombrado por su padre embajador en Japón con la misión de agradecer al emperador su presencia en septiembre de 1910. La Revolución impidió que se consumara esa misión especial.

Por último, el 18 de septiembre se inauguró la Escuela de Altos Estudios, la cual pretendía "el perfeccionamiento de los estudios profesionales, la investigación y la formación de maestros para la instrucción secundaria y profesional", gracias a sus "tres secciones: humanidades, ciencias exactas y ciencias políticas, sociales y jurídicas".[110] Porfirio Parra fue nombrado director de este plantel.

UNIVERSIDAD NACIONAL DE MÉXICO

La ley constitutiva de la Universidad Nacional de México, publicada en mayo de 1910, instituyó el cuerpo docente que se encargaría de la educación superior del país, al tiempo que unificó a la Escuela Nacional Preparatoria y las escuelas de Jurisprudencia, Medicina, Ingeniería, Bellas Artes y Altos Estudios. La Secretaría de Instrucción Pública y Bellas Artes quedó a cargo de la Universidad Nacional, la cual sería dirigida por un jefe que debía ser nombrado por el presidente de la República y el Consejo Universitario.

141. Ceremonia de inauguración de la Universidad Nacional con la presencia de Justo Sierra, secretario de Instrucción Pública y Bellas Artes, así como de representantes de universidades extranjeras. 22 de septiembre.

El 22 de septiembre, en un acto académico y político, se inauguró la Universidad Nacional en el anfiteatro de la Escuela Nacional Preparatoria, ubicado en el antiguo Colegio de San Ildefonso. En esta ceremonia, 25 intelectuales recibieron el doctorado *ex oficio*, y diez personajes nacionales y extranjeros el doctorado *honoris causa*. Entre ellos destacan Víctor Manuel de Italia, José Yves Limantour, Gabriel Mancera y Teodoro Roosevelt. Los doctorados *ex oficio* se otorgaron, entre otros, a los directores de la Escuela Nacional Preparatoria, Manuel Flores; de la Escuela Nacional de Jurisprudencia, Pablo Macedo; de la Escuela Nacional de Medicina, Eduardo Liceaga; de la Escuela Nacional de Ingenieros, Luis Salazar; de la Escuela Nacional de Bellas Artes, Antonio Rivas Mercado; y de la Escuela de Altos Estudios, Porfirio Parra.

Apadrinaron el acto las universidades de París, Salamanca, Oxford, Oviedo, La Habana, Pensilvania, Columbia, Berlín, Washington, Illinois, Texas y California, aunque otras también estuvieron representadas. Asimismo, en esta ceremonia, Sierra vitoreó en latín a la Universidad Nacional, a Díaz y a todas las universidades del mundo. En su discurso, dio por concluido el capítulo de la historia de la Universidad Real y Pontificia, pues serían tres las universidades que apadrinarían a la creada esa mañana: París, por su tradición medieval; Salamanca, por ser la raíz de la mexicana; y la estadounidense por su visión del mundo moderno. Entre los mensajes que para esta ocasión enviaron las universidades extranjeras, destaca el que llegó de Francia, de la Universidad de París, y que fue leído por Justo Sierra:

La Universidad de París, la más vieja de las universidades, saluda el nacimiento de la Universidad de México. Se siente orgullosa de haber sido acogida como madrina. Quisiera tener el poder de las hadas para darle desde la cuna, con el amor de la Patria, el de la Ciencia, y el de la Humanidad. Le desea que tenga y guarde estos tres amores que son la triple razón de ser de las universidades modernas.[111]

En esta ceremonia, Justo Sierra pronunció el discurso que tenía como destinatario al nuevo rector de la Universidad, Joaquín Eguía:

Al depositar en vuestras manos el gobierno universitario, el jefe de la Nación ha querido premiar una labor santa de más de medio siglo, en que habéis puesto al servicio de varias generaciones escolares, no sólo vuestra inteligencia, sino vuestro corazón. No sólo habéis sido un profesor, sino un educador; no sólo habéis formado jurisconsultos, sino habéis formado a hombres; sus almas eran como todas, cálices, habéis depositado una gota de vuestra alma buena.[112]

A pesar del éxito de la inauguración —a la que, además de Porfirio Díaz, asistieron los secretarios de Estado, el cuerpo diplomático, los delegados extranjeros y los representantes de las universidades más importantes—, la designación del primer rector no fue del agrado de todos. Justo por esto, en la edición de *El Imparcial* del 28 de septiembre se leía que:

[...] el director de la Universidad Mexicana, el antiguo y sabio catedrático Joaquín Eguía Lis modesto por idiosincrasia jamás ha querido escribir nada, y a pesar de haber pronunciado muchos discursos de apertura de cursos, ninguno se conserva [...] ¡Lástima es que, pudiendo haber derramado sus tesoros de sabiduría en escritos que se legasen a la posteridad sus profundos conocimientos [...] se hayan quedado encerrados en el santuario de su memoria!

CONGRESOS

Durante las fiestas del Centenario también se organizaron congresos de las más distintas ramas del saber. En ellos se reunieron expertos nacionales y extranjeros para mostrar al mundo el avance que se había logrado —y el que se pretendía alcanzar— gracias a la conducción de Porfirio Díaz.

Uno de los encuentros más importantes fue el Congreso Nacional de Educación Primaria, para el cual se creó un reglamento especial en el que se detallaba, desde su duración —ocho días—, hasta las invitaciones internacionales que debían hacerse. Entre éstas destacan las de la Superintendencia de Educación y la de la Asociación Nacional de Educación de Estados Unidos, que por supuesto estuvieron presentes. Esta iniciativa de Justo Sierra tenía como propósito conocer el estado de la educación en México, las experiencias internacionales que podrían aplicarse y, sobre todo, dar seguimiento a sus resoluciones.

Con el objetivo de fortalecer la recuperación de las raíces culturales del México antiguo se llevó a cabo el Congreso Internacional de Americanistas, en cuya invitación aparecía el Calendario Azteca. Este encuentro se inauguró el 9 de septiembre de 1910 y, en esta ceremonia, Justo Sierra habló sobre la importancia del estudio de las reliquias de las civilizaciones pasadas para la comprensión de los procesos históricos. Él deseaba que México se convirtiera en la capital arqueológica del continente americano. En su intervención, hizo énfasis en la necesidad de que el gobierno mantuviera a su cargo el resguardo de las piezas arqueológicas:

Desde el momento que el gobierno de la República asumía el papel de depositario, de conservador y organizador de la arqueología nacional por las leyes de 1896 y 1897, se imponía la necesidad de rectificar nuestra geografía arqueológica, de inspeccionar todos los trabajos que en nuestros yacimientos de antigüedades se efectuaban y de hacer que sus resultados beneficiaran por igual a nuestro país y a los centros de estudio del extranjero. Así se ha hecho con mayores o menores dificultades; alguna vez han asomado, en el severo horizonte de la ciencia, conflictos pronto remediados por la firme decisión del Gobierno, de no ser defraudado en el cumplimiento de este que considera un gran encargo nacional.[113]

Por último, para este congreso, Francisco Abadiano preparó la publicación de dos monografías arqueológicas tituladas *Quetzal-*

cóatl, el gran constructor de Palenque y *Xochicalco, Chicomoztoc y Culhuacán*, con prólogo de Luis González Obregón. También se organizó una visita a Teotihuacan que deslumbró a todos los invitados extranjeros.

CONCURSOS

Entre los múltiples concursos destacaron los convocados por la Secretaría de Instrucción Pública y Bellas Artes, los de la Comisión Nacional del Centenario, los del Museo Nacional de Arqueología, Historia y Etnología, y el convocado por la Sociedad de Alumnos de Jurisprudencia. Asimismo, se premió la letra del mejor poema sinfónico y coral sobre la Independencia, mientras que la Escuela de Jurisprudencia organizó un concurso poético y literario, además de una premiación teatral.

También se organizaron certámenes con mayores ambiciones. Tal fue el caso del Concurso Científico y Artístico del Centenario, cuyo objetivo consistía en realizar una puntual evaluación de lo alcanzado en el país desde su independencia hasta 1910 en los ramos de ciencia, derecho, economía, agricultura, medicina, ingeniería, arquitectura, química, literatura, indigenismo, arte y arqueología, entre otros. En él deberían participar todas las asociaciones vinculadas con las áreas del concurso. Se convocó el 30 de julio pero no se lograron avances significativos. La pequeña memoria del evento señala "que, en septiembre, por las razones de la celebración", no se realizaron los trabajos que correspondían, y que el mes de octubre se convirtió en "un desastre". Sin embargo, el ánimo no decayó y los trabajos se reanudaron en 1911, aunque no se lograron los resultados esperados.

Un concurso que despertó mucho interés fue el convocado por el Museo Nacional de Arqueología, Historia y Etnología para entregar cinco premios a un estudio sintético de la guerra de Independencia, un canto a la Independencia, una biografía de Hidalgo y dos obras dedicadas a un "asunto libre sobre la Independencia",[114] una en prosa y otra en verso.

142. El poeta Juan de
Dios Peza.

Un acontecimiento singular se inició el 14 de julio de 1909,
cuando se publicó la convocatoria que la Comisión Nacional
hizo a los poetas para que escribieran la letra del himno patriótico que se cantaría el 16 de septiembre de 1910. El premio era
de 2 000 pesos y la comisión recibió 45 composiciones que fueron sometidas a un jurado integrado por Juan de Dios Peza,
Enrique Fernández y Adalberto Esteva. El fallo declaró que ninguna composición merecía el premio y recomendaba que "en
nombre del decoro del país"[115] se hiciera una nueva invitación
a los poetas más notables para participar en otro concurso.

En octubre se convocó de nueva cuenta y se recibieron 114
composiciones. El 12 de enero de 1910, se dio a conocer el fallo
del jurado, en el que se leía lo siguiente:

Nuevamente [fuimos] honrados [...] para elegir [...] el himno patriótico, manifestamos que hemos revisado todas las composiciones, leyéndolas con detenimiento y animados de la mejor y más sana intención de elegir la que fuera digna [...] por desgracia, y lo decimos con toda franqueza [...] no hay una que satisfaga las condiciones [...] y nos vemos precisados a rechazarlas [...] antes de dar el espectáculo de premiar lo que no puede considerarse como himno de un pueblo libre [...].[116]

El escándalo fue mayúsculo. Muchos criticaron al jurado y ofendieron a sus miembros. José Casarín, secretario de la comisión, fue uno de los más duros críticos, pues debido al fallo adverso, él no lograría realizar su acto. Por esta razón, censuró a los integrantes del jurado por haber obrado con ligereza y no haber premiado a la composición "menos defectuosa". Ante la negativa del jurado, Casarín argumentó: "las cláusulas decían que sería premiada la mejor de las composiciones y no se estipulaba que el concurso quedaría desierto si todas ellas venían malas o pésimas. Se trataba de premiar la menos mala".[117]

Se convocó a un nuevo concurso para el 15 de abril. En esos días murió Juan de Dios Peza, y Luis González Obregón y Salvador Díaz Mirón se integraron como miembros del jurado. Ellos tuvieron que analizar 97 propuestas y, al finalizar la lectura, se limitaron a publicar un boletín en *El Imparcial*. El documento, dirigido a Casarín, afirma que "por falta de acuerdo, renunciamos al honorífico encargo de juzgar los himnos que hemos recibido, y de señalar el que supere a los demás en mérito relativo".[118] La Comisión Nacional, luego del tercer fracaso, decidió que el número relacionado con el himno se suprimiera del programa oficial.

JURADOS, PREMIOS Y CEREMONIAS
DE LOS CONCURSOS ORGANIZADOS POR
LA COMISIÓN NACIONAL DEL CENTENARIO

Concurso científico

Ezequiel A. Chávez, Manuel Flores y Enrique O. Aragón otorgaron el primer premio a Manuel Pérez, por su trabajo sobre electroscopía; el segundo lugar correspondió a Leopoldo García, por su trabajo "Ideas políticas dominantes en la guerra de Independencia. Hidalgo, Rayón, Morelos", y el tercero, a José Gómez, por su estudio sobre ginecología.

Concurso literario

Diego Baz, Antonio de la Peña y Reyes y Enrique Fernández Granados no adjudicaron el primer premio y dieron el segundo a Alberto Michel, por su composición "El soldado Cureña".

Concurso de composición musical

Gustavo Campa, Julián Carrillo y Rafael Tello no concedieron el primer premio y asignaron el segundo a José Ponce, por su "Canto a Hidalgo".

Concurso de ejecución instrumental

Carlos Meneses, Félix Rocha y Alberto Anaya otorgaron los primeros premios de violín a Arturo Aguirre y Manuel Serrano, y el premio de piano a Rafaela Parra.

Concurso histórico del Museo Nacional

Justo Sierra, Ezequiel A Chávez, Joaquín D. Casasús, Genaro García y José López Portillo y Rojas premiaron el trabajo de Andrés Mateos, "Estudio sintético sobre la guerra de Independencia", y la composición poética de Alfonso Teja Zabre "Los héroes anónimos"; declararon desiertos los otros cuatro temas.

Concurso convocado por la Sociedad de Alumnos de la Escuela de Jurisprudencia

Su convocatoria proponía cinco temas: poesía con metro y libre, estudios sobre literatura contemporánea nacional, canto a la patria, biografía de José María Luis Mora y oda a América. Los premios para el primer tema eran la flor natural, el derecho de nombrar reina de los juegos y un obsequio de Porfirio Díaz. Obstáculos de diversa índole impidieron la celebración de los juegos durante los meses de septiembre a diciembre, por lo que no se llevó a cabo la velada sino hasta el 30 de enero de 1911.

Para dar a conocer el resultado de los concursos y otorgar los premios, se organizaron veladas con elementos artísticos y la presencia de la buena sociedad metropolitana.

El 27 de septiembre, en el Teatro Arbeu, se organizó una velada en la que se entregaron los premios. Asistieron Ezequiel A. Chávez, subsecretario de Instrucción Pública; Genaro García, director del Museo Nacional, y Agustín M. Lazo, miembro de la comisión.

La parte musical del programa estuvo a cargo de la orquesta del Conservatorio, dirigida por el maestro Carlos Meneses, y consistió en la obertura *Patria* de Bizet, el *Himno a Víctor Hugo* de Saint-Saëns y el intermedio de *Los maestros cantores* de Wagner.

SALUD Y BENEFICENCIA

En la *Crónica oficial* hay un párrafo que merece ser leído con detenimiento. En estas líneas casi se muestra una disculpa por la evidente falta de contacto social o la crítica potencial de la población por la presencia de tantas delegaciones extranjeras en las que parecieron concentrarse los festejos:

Como las fiestas del Centenario no estuvieron exclusivamente dedicadas a las clases altas de la sociedad, que en cualquier momento

pueden tener solaces y diversiones, tanto el gobierno como muchas personas comprendieron cuan necesario era regocijar a los humildes y favorecer a los menesterosos, por lo cual hubo un buen número de ideas encaminadas a tal fin, que tomaron forma, unas en apertura de establecimientos.[119]

143. Pabellones del Manicomio General, construido en los terrenos de la antigua hacienda La Castañeda, cercana a Mixcoac. Su inauguración se llevó a cabo el primero de septiembre.

Éste fue el caso de la inauguración del Manicomio General, en cuya invitación aparecía la imponente fachada del edificio, construido en los terrenos de la antigua hacienda de La Castañeda, un socorrido paseo para las tardes domingueras. Con esta inauguración, presidida por el general Díaz, a la que llegaron 30 tranvías especiales desde el centro de la capital con los invitados, se abrió el programa de celebraciones el 1 de septiembre de 1910.

La construcción del manicomio se inició en 1908 y, luego de una inversión de casi dos millones de pesos, quedó terminado el último día de agosto de 1910. El proyecto arquitectónico fue de Salvador Echegaray y de su construcción se encargó el hijo del presidente Díaz. Las instalaciones del Manicomio General constaban de 24 edificios y dos pabellones que se repartían en un terreno de 147 000 m². Sus dependencias catalogaban a los enfermos en distintas categorías. Así, en La Castañeda había espacios para los pacientes distinguidos, los alcohólicos, los enfermos tranquilos, los imbéciles, los epilépticos, los peligrosos y los infecciosos. Su capacidad le permitía recibir 1 200 asilados. Unos cuantos días después de la inauguración, ingresaron los primeros huéspedes: 350 hombres y 429 mujeres. Su equipamiento —al decir de *El Mundo Ilustrado*— contaba con "los más recientes adelantos de la ciencia médica".

Ese mismo día, por la tarde, se inauguró, en la calle de San Miguel, el Consultorio Público Número 2 para impartir servicios médicos y auxilios gratuitos a los menesterosos. Este hospital contaba con botica, salas de obstetricia y ginecología, departamento para cirugía, operaciones y enfermos infantiles, sifilíticos y de la piel. Aunque en la ceremonia estaba prevista la presencia del vicepresidente Corral, la inauguración la llevó a cabo el director general de la Beneficencia Pública.

RUMBO AL PROGRESO

Varios años antes de que se llevaran a cabo las celebraciones del Centenario, el régimen porfirista comenzó a dedicar importantes recursos para construir una serie obras públicas que ejemplificaban el crecimiento económico y la paz del país. Los dineros dedicados a estos fines eran resultado del superávit de las finanzas públicas que se logró desde el momento en que Limantour se incorporó al gabinete. Las obras que se edificaron eran de las más distintas naturalezas: caminos, drenajes, edificios públicos, teatros, penitenciarías, redes ferroviarias, telegráficas y algunas más dedicadas a la explotación de los recursos naturales. Sin embargo, y a pesar de que muchas obras públicas habían

144. Excursión a las obras del drenaje inauguradas el 26 de septiembre.

sido realizadas desde los primeros años de ese periodo, se consideraron como "obras centenarias". Veamos las más representativas.

El Palacio Legislativo

En una iniciativa que envió el Poder Ejecutivo a la Cámara Diputados en 1896, se afirmaba: "ha llegado la oportunidad de que se destinen algunas cantidades a la construcción del Palacio Legislativo Federal, que desde hace mucho tiempo atrás se proyecta, y [que] hoy es una verdadera necesidad".[120]

Para iniciar la construcción de la sede del Poder Legislativo se autorizaron hasta "250 mil pesos para la compra del terreno y [el] arranque de los trabajos".[121] Limantour una vez más tenía claro el lugar: un terreno que estaba cerca de su casa en la esquina de Juárez y Bucareli.

Una vez que se autorizaron los recursos, la Secretaría de Comunicaciones y Obras Públicas convocó a un concurso internacional. Se presentaron 56 proyectos, entre otros, catorce provenían de Italia, tres de Estados Unidos, uno de Alemania,

145. Porfirio Díaz, Manuel González de Cosío, Olegario Molina, Justo Sierra, Ramón Corral, Enrique C. Creel, Justino Fernández, Leandro Fernández, en la ceremonia de colocación de la primera piedra del Palacio Legislativo. 23 de septiembre de 1910.

otro de Austria y otro más de España. Sólo se presentó uno de la ciudad de México y cinco de los estados de la República.

El 14 abril de 1902, los proyectos fueron expuestos en el patio de la Secretaría de Comunicaciones. Al final del concurso, el jurado declaró desierto el primer lugar y tres quedaron empatados en el segundo, hecho que motivó a un escándalo. El proyecto de Adamo Boari quedó archivado y su compatriota Quagli —que obtuvo el tercer lugar— fue el adjudicado, pero ya había muerto.

El proyecto terminó entregándose a Emilio Dondé, quien hasta 1902 fue parte del jurado. Después de una polémica en la cual se puso en duda la imparcialidad de la decisión, se abandonó la propuesta de Dondé y se buscó a un arquitecto francés: Emile Benard, un creador de gusto ecléctico que había construido la Universidad de Berkeley, a quien se le pagaría el 3.5% del total de los gastos que se generaran en la construcción. Ese mismo año, Benard llegó a México y, en 1904, se firmó el contrato y se llamó a la empresa Milliken Bros para que realizara la cimentación. Las obras no comenzaron debido al exagerado presupuesto de la firma.

Para 1910 sólo se había construido la cúpula central, pero el edificio se incluyó como una de las obras conmemorativas del programa oficial. El propio Benard participó en la organización del acto y se prepararon cinco borradores de los planos en los que se mostraban los lugares que ocuparían los invitados, quienes se acomodarían en el espacio que se convertiría en el vestíbulo. Porfirio Díaz presidió la ceremonia bajo un dosel sobre el que se colocó un águila nacional y las fechas entrelazadas "1810-1910".

En esta inauguración, el discurso corrió por cuenta del diputado José F. Aspe, quien habló del congreso convocado por Morelos y sus vicisitudes. Después se levantó el acta de la ceremonia y Porfirio Díaz, con una cuchara de plata, fijó con yeso la primera piedra de la construcción.

Tras la caída de Porfirio Díaz, la obra no mejoró su suerte. El secretario de Comunicaciones de Madero, Manuel Bonilla,

146. Porfirio Díaz durante la ceremonia de la primera piedra del Palacio Legislativo.

le pidió a Benard que suspendiera la construcción y se firmara el convenio de finiquito de sus honorarios y, dado el costo final de veinte millones de pesos, publicó un oficio en el que la dependencia se curaba en salud al afirmar que "el país carece de carreteras, ferrocarriles, obras en los puertos y de otras muchas mejoras de innegable necesidad y urgencia para el desarrollo económico".[122] Asimismo, Bonilla subrayó que los diputados podían seguir sesionando en la recién reconstruida Cámara de Diputados en la calle de Donceles y los senadores en Palacio Nacional.

En aquellos días se consideró que las proporciones del edificio eran exageradas, pues sería el segundo más grande del mundo después del parlamento húngaro, ya que su superficie construida sería de 14 517 m², con una fachada frontal de 114 metros de largo y una altura que resultaba descomunal: 60 metros.

Para los años treinta sólo quedaban las esculturas *La paz* y *La ley*, que se trasladaron al Palacio de Bellas Artes, donde aún se encuentran. El águila que coronaría la cúpula del Palacio Legislativo se envió al Monumento a la Raza y los leones terminaron en la entrada del Bosque de Chapultepec.

Así, en 1932 se comenzó a derribar la cúpula, por lo que el arquitecto Obregón Santacilia habló con los secretarios de Estado Pani, Calles y Rodríguez, con el fin de que se le diera algún uso. Se decidió que, después de ser adaptada por él, la cúpula se convirtiera en un monumento a la Revolución. Obregón Santacilia, después de celebrar un concurso, le pidió al escultor Oliverio Martínez que ejecutara los remates de las cuatro columnas para que representaran la Independencia, las Leyes de Reforma, las leyes agrarias y las leyes obreras.

La realidad se impuso e impidió que uno de los edificios más suntuosos y monumentales cumpliera su destino original: la sede del Poder Legislativo de un régimen en el que sus miembros eran designados por Porfirio Díaz. Como ironía quedó plasmada esa intención en la fotografía publicada por *El Mundo Ilustrado*, alusiva al acto, en la que figuran Díaz y su gabinete: en el nuevo espacio que debería renovar la vida política del país aparece un grupo de venerables caballeros, todos apoyados en sus bastón y luciendo bíblicas barbas blancas.

Palacio de Comunicaciones

147. Silvio Contri fue el encargado de la construcción del Palacio de Comunicaciones.

En la ciudad de Roma se encuentra un barrio conocido como Coppedé. Esta zona de la ciudad empezó a poblarse cerca de 1870 y requirió de nuevas instalaciones administrativas y casas para los recién llegados a la capital del nuevo reino de Italia. Las decoraciones fueron muy novedosas por los diseños y la fantasía que se imprimió a su arquitectura. Los responsables de estos trabajos fueron la casa artística de la familia Coppedé y el arquitecto Silvio Contri, quien también recibió un encargo del gobierno mexicano: la construcción del Palacio de Comunicaciones.

La decisión de construir un edificio que albergara a la institución responsable de coordinar los trabajos públicos motivó al gobierno de Díaz a crear un edificio que no sólo mostrara la voluntad política, sino también al país que vivía un proceso de modernización. En una carta que Justo Sierra dirigió a Limantour se lee: "ya recibí a su recomendado, el señor don Silvio

Contri, a quien manifesté que haré cuanto esté de mi parte para obsequiar los deseos que se sirvió expresarme".[123]

LOS PERSONAJES DEL CENTENARIO:
JOSÉ YVES LIMANTOUR

Heredero de una gran fortuna familiar, estudió en Europa finanzas y economía. Desde su nombramiento como secretario de Hacienda y Crédito Público, en 1893, logró estabilizar las finanzas nacionales hasta su salida del gobierno en 1911. Dispuso de recursos para muchas obras aplazadas, desde las conmemorativas, como fue el caso de la Columna de la Independencia, que se planteó desde 1877, hasta las que significaran una mejora material para el país. Entre ellas destacan: las estaciones sismológicas, obras de drenaje profundo, palacios municipales, teatros, parques y jardines, cárceles, hospitales, escuelas y un crecimiento inusitado de las redes ferroviarias. Muchas de estas obras fueron inauguradas durante el mes de septiembre de 1910. De este modo se cumplía el objetivo señalado en el Programa Oficial de la Comisión Nacional respectiva: "realizar cuando menos una obra de beneficio para cada comunidad nacional". Se llevaron a cabo 1 450 obras en todo el país. Limantour no estuvo presente durante las fiestas de septiembre porque se encontraba fuera del país desde julio de 1910.

Así, sin mayores problemas, se determinó que —en 1904— se iniciaría la construcción del Palacio de Comunicaciones en una parte de los terrenos del antiguo Hospital de San Andrés. Los trabajos de decoración —pintura, mobiliario, ornamentos en hierro, madera y piedra— quedaron a cargo de Coppedé, mientras que el hierro artístico y diversas fundiciones de bronce se asignaron a otra empresa florentina: la Fonderia de Pignone. La construcción de los pisos y las arquerías a prueba de incendios —al igual que la instalación de los tragaluces y tanques de agua—

se comisionaron a la casa Millinken Bros. de Nueva York, las instalaciones eléctricas y el alumbrado a Arthur Franzen and Co. y los elevadores a las Officini Meccaniche Stigler de Milán.

El edificio —enmarcado en la corriente arquitectónica elegida por Contri, el eclecticismo— combinó varios lenguajes, formas y estilos históricos. El uso de las estructuras metálicas que soportan el edificio y que permiten distribuir los espacios en módulos de proporciones semejantes, también resultó novedoso.

La obra no fue terminada para las conmemoraciones, pero se inauguró al año siguiente. La Secretaría de Comunicaciones y Obras Públicas operó en él hasta 1982, cuando se convirtió, durante el periodo de José López Portillo, en el Museo Nacional de Arte.

LA CIENCIA EN BOGA

La obra científica más importante que se inauguró durante las fiestas del Centenario fue la Estación Sismológica Central, la cual

148. Estación Sismológica Central, inaugurada el 5 de septiembre.

se encargaría de atender uno de los problemas endémicos de México: los movimientos telúricos. Durante su apertura se hizo una demostración de su precisión y, acto seguido, se inauguraron sus tres estaciones: la matriz en Tacubaya y las sucursales de Oaxaca y Mazatlán. La ceremonia se llevó a cabo en los jardines del Observatorio Astronómico Nacional, cerca de la estación de ferrocarril Cartagena, en Tacubaya.

En cuanto a las obras que requerían de una enorme tecnología en esa época están las que permitieron satisfacer el abastecimiento de agua de la ciudad de México. Las llevó a cabo la Junta Provisional de Aguas Potables, sobre un proyecto del ingeniero Manuel Marroquín y Rivera. De esta obra publicó *El Mundo Ilustrado*: "La ciudad de México tendrá agua limpia y pura" y añadió: "dará por resultado que la metrópoli tenga agua abundante y buena en grandes cantidades, como continuación de las de desagüe del valle de México". Fue inaugurada el día 21 de septiembre por el vicepresidente Ramón Corral y el gobernador del Distrito Federal, Guillermo de Landa y Escandón.

FESTIVIDADES CÍVICAS

En las actividades cívicas que se llevaron a cabo durante las fiestas del Centenario se buscó la participación de los más diversos grupos sociales y sus organizadores se preocuparon por no dejar de lado a ningún personaje, movimiento o hecho de significación histórica.

Fueron varias las procesiones cívicas pero, sobre todas ellas, destacó el desfile alegórico organizado por los comerciantes de la ciudad de México.

En esta marcha participaron numerosos miembros del comercio nacional —tanto propietarios como empleados— junto a los principales bancos, tabacaleras y la Unión de Mecánicos. El 4 de septiembre de 1910, todos ellos pasaron frente al balcón central de Palacio Nacional, donde se encontraba Porfirio Díaz acompañado por algunos miembros de las delegaciones extranjeras.

149. Carro alegórico.

Uno de los carros alegóricos que más destacó fue el del Centro Mercantil, el cual mostraba a los héroes mexicanos guiados por cuatro palafreneros con trajes al estilo Luis XV, un hecho extraño para nosotros, pero —en aquel momento— los creadores del carro quisieron destacar la participación francesa en el capital del Centro Mercantil. A los lados del carro caminaban los representantes de la Sociedad Mutualista Empleados de Comercio. El siguiente carro fue del Palacio de Hierro, uno de los establecimientos comerciales más importantes del país.

Su ornamentación era muy lujosa; sobre una gradería tapizada de raso se levantaba un pedestal y, en el fondo, un sol; la figura central representaba a la patria después de haber roto sus cadenas y a quien acompañaban cuatro mujeres ricamente ataviadas.[124]

El tercer carro representaba la agricultura:

Formábalo un trozo de montaña sobre el que se veían deidades rústicas y escenas de la vida campestre representadas por personas vestidas con trajes tradicionales de Tehuantepec, Jalisco y Yucatán. Traía también los productos de las zonas agrícolas de la República como la vid, las palmeras, los cactus, las espigas de trigo y las cañas de azúcar, mezclado todo en un cuadro dispuesto artísticamente. Era tirado por una yunta de bueyes precedido por un grupo de rancheros.[125]

El carro que los seguía era el del Cognac Gautier, el cual

> [...] simulaba una taberna ocupada por varias campesinas france-
> sas y algunos mosqueteros franceses, seguidos de indígenas floreros
> y agricultores de Xochimilco [...] que llevaban ramos de flores
> para depositarlos en Catedral ante la urna que guarda los restos
> de los héroes.[126]

Atrás venía el carro de minería "que era una montaña coronada por el nopal y el águila [...] y a cuyo pie se erguía una matrona que personificaba la industria minera".[127] Seguían el carro de El Buen Tono y el de la industria, en el que estaban simboliza-dos la ciencia, el trabajo, la exactitud y la fuerza. Los bancos también presentaron un carro en el que destacaba la abundan-cia "dejando caer un tesoro de su cornucopia".[128]

Además de este desfile, el 11 de septiembre, la Sociedad de Empleados Federales organizó un homenaje y, ese mismo día por la mañana, la colonia michoacana de la ciudad de México llevó a cabo una procesión que culminó con la entrega de ofren-das ante la estatua de Morelos en el Jardín de la Santa Veracruz.

La llamada Gran Procesión Cívica se llevó a cabo el día 14, y contó con la

> [...] asistencia de todos los elementos sociales, así los altos repre-
> sentantes de la banca, el comercio, la industria y la minería, como
> los empleados, artesanos, obreros y labradores, además de los ope-
> rarios de fábricas y talleres y de las tripulaciones de marinos extran-
> jeros que en México se encontraban; el total excedía de veinte mil
> personas. A lo que se sumaron comisiones de los tribunales fede-

rales, civiles y militares; funcionarios de Consejo de Gobierno y del Gobierno del Distrito; Concejales del Ayuntamiento; delegados; de los Estados y de los Territorios; prensa de la Capital y foránea; Poder Judicial del Distrito Federal; empleados de las Secretarías de Estado; academias y sociedades científicas y literarias; escuelas superiores y profesionales; compañías; negociaciones; colonias de los Estados; sociedades de obreros, de artesanos y de ferrocarrileros; fábricas y talleres del Distrito; agrupaciones militares; gremios y corporaciones.

Esta marcha se realizó desde la glorieta de Colón, ubicada en el Paseo de la Reforma, hasta el costado sur de la Alameda. Para engalanar su trayecto se levantaron tribunas de madera y pequeños pabellones de tela para contener a todos, como lo señala la *Crónica oficial.*

150. Gran procesión cívica formada por la sociedad mexicana y los marinos extranjeros en la avenida San Francisco.

PROCESIÓN DE ANTORCHAS

151. Procesión de antorchas la noche del 17 de septiembre.

En aquellos días era frecuente ver por toda la ciudad gente desfilando por los más variados motivos. Éste fue el caso de los mecánicos y los ferrocarrileros que, el 17 de septiembre, llegaron a la Columna de la Independencia a rendir homenaje a los héroes. La ceremonia fue presidida por el senador Gabriel Mancera y en ella pronunció un discurso el diputado Benito Juárez, el hijo del Benemérito. La Sociedad de Empleados de Comercio no se quedó atrás, el 18 hicieron lo mismo en la Avenida de los Hombres Ilustres.

Para llevar a cabo la procesión de antorchas a los empleados oficiales y particulares —al igual que a las corporaciones, fábricas y talleres— se les distribuyeron "vistosos faroles que en lo alto de largos bastones ostentaban los colores nacionales" y "gruesas antorchas fueron destinadas a los jinetes que [se] formaron en la comitiva, especialmente a los 5 000 charros". Los beneficiarios de estos regalos comenzaron a desfilar a las seis de la tarde por Paseo de la Reforma, siguieron por las calles de Bucareli, Rosales e Iturbide hasta llegar al Zócalo, donde intencionalmente no se iluminó la Catedral ni el Palacio Municipal. El objetivo era sencillo: lograr un efecto más amplio que el de las antorchas y farolas del 14 de septiembre.

De esta manera, la noche del 19 de septiembre Fernando Pimentel y Fagoaga (miembro de la Comisión Nacional del Centenario) encabezó una procesión de antorchas y faroles. Los farolitos eran de vidrio de los colores nacionales y llevaban la fecha 1810-1910. Entre los invitados estaban trabajadores de las fábricas, estudiantes y una gran multitud de gente de todas clases. Asistieron 4 647 personas que sintieron gran emoción al darse cuenta de que el presidente Díaz había salido a verlos.

Por su parte, la *Memoria de los trabajos...* también nos ofrece una imagen sobre la procesión:

Todos los concurrentes se presentaron correctamente vestidos, haciendo honor a la clase obrera a la que pertenecían. Cuando la gran comitiva comenzó su marcha, se unieron a ella multitud de estudiantes y personas de distintas clases sociales, dando mayor atractivo a la procesión que recorrió en el mejor orden y produciendo un magnífico efecto entre el numeroso público que llenaba las avenidas principales de la capital.

Por supuesto, tampoco faltaron historias reveladoras del deseo de participación:

En una misiva muy enternecedora, la niña María Teresa Mangino se dirigió al presidente, porque *las circunstancias en que se encuentra dan lugar a su atrevimiento*. Le comunicaba que había sido una de las elegidas para el referido evento que se realizaría el 7 de septiembre, pero le pidieron que fuese vestida de blanco, *en ese momento mi papá está falto de recursos, y por lo tanto ruego a usted me ayude con algún dinero para comprarme lo dicho*. Apelaba al corazón noble y caritativo del presidente y tenía la firme creencia de que no la iba a desamparar.

LA JURA DE BANDERA

La bandera era —y es— el símbolo nacional por excelencia. Por ello se quiso reunir en su homenaje a todas las generaciones y a los más diversos grupos sociales. Esto fue lo que ocurrió en las juras de bandera por parte de los obreros de la capital y en la celebración a los Niños Héroes.

152. Jura del pendón el 6 de septiembre.

La jura de bandera se llevó a cabo gracias a la iniciativa de la Sociedad de Joyeros y Relojeros, la cual organizó la ceremonia realizada el último día de septiembre al pie de la Columna de la Independencia. En ella, el gobernador de la ciudad, Guillermo de Landa y Escandón, tomó la protesta de "su amor y fidelidad a la bandera de la patria"[129] a miles de trabajadores de distintas organizaciones, como la sociedades Esperanza, Moralidad y Progreso, la Unión y Concordia, la Infantil Mutualista, los Hijos de Hidalgo, los Hijos del Trabajo, la Gran Liga Obrera y el Círculo Patriótico y Literario, entre muchas otras.

Un evento similar fue la jura de bandera que hicieron los niños de las escuelas de la capital, en la que participaron más de 7 000 estudiantes que pronunciaron el siguiente juramento:

¡Bandera! ¡Bandera Tricolor! ¡Bandera de México! En este año y en este mes en que la República cumple el primer siglo de vida independiente ofrecemos con toda el alma estar siempre unidos en torno tuyo, como símbolo de que eres de la patria, para que México obtenga perpetuamente la libertad y la victoria.[130]

El homenaje a los Niños Héroes se llevó a cabo en la tribuna monumental del Bosque de Chapultepec y en él se pronunciaron discursos, se leyeron poesías y se ejecutaron algunos números musicales.

LOS GUARDIANES DE DON PORFIRIO

La relación de Porfirio Díaz con el ejército era cordial y respetuosa. Su dignidad de general de división y héroe de varias batallas durante la Reforma y la intervención francesa le otorgaban un lugar destacadísimo en la jerarquía militar. Durante una buena parte del régimen, el titular del Ministerio de Guerra y Marina fue el general Manuel González de Cosío. Sólo el breve paso por la dependencia del general Bernardo Reyes alteró un equilibrio que para Díaz era un factor básico de gobernabilidad y estabilidad. En 1910, no existía un ejército equipado ni preparado para las eventualidades de la represión, para estas tareas estaba el cuerpo de rurales que tenía a su cargo el mantenimiento del orden, sobre todo en los pequeños poblados. Sin embargo, *El Mundo Ilustrado* sentenció:

> […] si quieres paz, prepárate a la guerra […] [el ejército] demostró que está preparado para la guerra […] en cada momento, nuestros soldados mostraron, si no a la altura de los mejores del mundo, exageración en la que por desgracia se ha incurrido, sí a una altura que hace de ellos un elemento temible en caso de combate de verdad.

Esta alusión, más que al equipo o su marcialidad, se refería a la fuerza que tenía Porfirio Díaz. El país, obviamente, debería continuar bajo la divisa de "orden, paz y progreso". Nada que lo alterara se permitiría.

153. Gran desfile militar del 16 de septiembre.

En el programa oficial de las conmemoraciones, aunque incluyó pocas actividades protagonizadas por las fuerzas armadas, el ejército también obtuvo un espacio para su lucimiento gracias a la inauguración de una fábrica, a las maniobras militares y el tradicional desfile del 16 de septiembre, en el que marcharon 10 000 hombres. Asimismo, para las fiestas se llevaron a cabo un simulacro de batalla, maniobras militares y algunas fiestas en los cuarteles.

MUESTRA DE INDUSTRIALIZACIÓN

Con el objeto de que se produjera en México pólvora que evitara la generación de humo, se decidió construir una fábrica que actualizara una parte del olvidado equipo del régimen porfirista. Además, esta industria sería una muestra del aprecio al sector militar, al tiempo que se atendería a la preocupación del ejército y armada de no depender de su importación. La fábrica se ubicó "en el lugar llamado Santa Fe, algo alejado de la población, donde se producía anteriormente la pólvora negra".[131]

154. Inauguración de la fábrica de pólvora sin humo el día 28 de septiembre.

Asimismo, con un enorme beneplácito del ejército y la espectacularidad de miles de soldados y marinos, se organizaron maniobras militares en las cercanías de la Hacienda de los Morales. En ellas, los destacamentos simularon batallas al mando del general Manuel Mondragón, reconocido militar que inventó una ametralladora de doble repetición. Fue ese mismo Mondragón quien, junto con Félix Díaz y Victoriano Huerta, encabezaría la Decena Trágica durante la que fue asesinado el presidente Madero.

EL CENTENARIO EN LOS ESTADOS

155. Molde de yeso armado de la primera sección de la Fuente Monumental que sería erigida en la ciudad de Toluca con motivo del Centenario de la Independencia de México.

A lo largo del porfiriato —y hasta la promulgación de la Constitución de 1917— el país experimentó algunos cambios en su división territorial. Se erigieron nuevas entidades (Campeche, Hidalgo y Morelos), se separaron Nuevo León y Coahuila y se crearon los territorios de Quintana Roo y Tepic. En 1910 había 28 estados (incluyendo el Distrito Federal) y tres territorios.

Mediante favores y compadrazgos, Díaz siempre mantuvo buenas relaciones con los gobernadores de los estados. Ellos eran libres de hacer lo que creyeran pertinente en sus localidades. Incluso nombraban a los diputados, con lo cual el Poder Legislativo, poco a poco, se volvió un aliado del Ejecutivo gracias a una política más cercana a la conciliación que a la imposición. El progreso material del país y la paz eran más importantes que las discusiones políticas, por lo que todo sería tolerado, menos la sedición y las revueltas.

Sin embargo, la autonomía y libertad del municipio no eran ejercidas, pues quienes determinaban las elecciones y las demás actividades eran los jefes políticos, que estaban en constante y

156. El Centenario en la ciudad
El Oro, Estado de México.

estrecha comunicación con el gobernador del estado, por quien eran nombrados. Sus funciones iban desde la organización policial y de los servicios, hasta la de fiestas cívicas y religiosas.

En estas condiciones, el gobierno federal hizo una exhortación para que se crearan comisiones centrales en los estados, distritos y municipios, que deberían trabajar en coordinación con un delegado especial nombrado por el gobierno federal y también habrían de presentar un informe trimestral sobre el desarrollo de los proyectos y la recolección de fondos para las fiestas del Centenario. De esta manera, las comisiones debían realizar un esfuerzo para

[...] procurar que en todos los lugares donde se celebre el Centenario de la Independencia, se inaugure alguna mejora de carácter material o moral que perdure después de la celebración del Centenario, y sea para lo futuro, un recuerdo de la solemnidad y un testimonio fiel del homenaje rendido á la Patria por el pueblo mexicano en el primer Centenario de la proclamación de la Independencia.[132]

249

Cada comisión —estatal, distrital o municipal— contaba con un presidente honorario, un presidente efectivo, un tesorero, seis vocales, un secretario, un prosecretario y un vicepresidente.

La Comisión Nacional hizo un llamado a fin de "excitar a gobernadores, jefes políticos, la ilustrada prensa y a las personas de más influencia en cada localidad a efecto de tomar activa parte y prestar ayuda a los delegados". Añadía que confiaba en que contaría con la sanción general y "con la ayuda individual de todas las clases sociales y el cívico entusiasmo, que brotaría de la masa social sin distinción de categorías ni de creencias políticas y religiosas".

Como a finales de 1907 no se había logrado la instalación de todas las comisiones, el gobierno federal dirigió, nuevamente, una comunicación a los gobernadores y los jefes políticos de los territorios, para que todas las comisiones fueran instaladas en un plazo de dos años y medio, y estuvieran listas para desarrollar sus programas y los de la Comisión Nacional.

En 1908, la Comisión Nacional logró que la mayor parte de las capitales y cabeceras de distritos de los estados y territorios ya tuviera sus comisiones del Centenario y, en 1909, se instalaron las comisiones municipales. Sin embargo, hubo algunas excepciones que la *Crónica oficial* pone como ejemplo: en Puebla y Yucatán se presentaron varias renuncias, por lo cual no consolidaron ningún plan de trabajo entre 1907 y 1909. Ante la insistencia de la Secretaría de la Comisión Nacional para que se iniciaran los trabajos en Mérida, se nombró a un delegado, Ricardo Molina Hubbe, quien inmediatamente viajó a Europa. Este hecho provocó la desconfianza de la Comisión Nacional y por ello se pidió la intervención del gobernador del estado, quien designó a su secretario particular, Javier Alayola, con lo que quedó finalmente establecida la comisión de Yucatán.

En Puebla ocurrió algo muy parecido. No se estableció una comisión del estado y, además, el delegado nombrado por el gobierno federal, Agustín de la Hidalga, presidía una junta que promovía una exposición que la Comisión Nacional consideraba ilusoria. Una prueba de esto ocurrió cuando la junta solicitó

157. Edificios iluminados en Aguascalientes para las fiestas del Centenario por iniciativa del gobernador Vázquez del Mercado.

que dicha exposición formara parte del programa oficial, a lo cual se negó la Comisión Nacional, "pues no podía considerar en su programa general ningún acto de solemnidad que pudiera verificarse en una ciudad de la República".[133]

Luego de estos acontecimientos, la Comisión Nacional determinó que las actividades en los estados no quedarían bajo su responsabilidad. Sin embargo, alentó la realización de algunas que replicaban a las que se realizarían en la ciudad de México. Lo que ocurrió al interior del país fue un espejo de lo sucedido en la capital. Asimismo, muchos gobernadores vieron en las fiestas una oportunidad para mostrar a Díaz su obra personal, sobre todo quienes ocupaban el cargo casi desde el inicio del régimen.

Aun cuando las principales y más sonadas actividades se concentraron en la capital de la República, es larga la lista de lo que se llevó a cabo en todo el territorio, pues —según la *Memoria de los trabajos...*— se inauguraron todo tipo de obras, como puede observarse en el siguiente cuadro:

Obra pública	Cantidad
Alumbrado	37
Baños y lavabos	7
Bibliotecas	10
Calzadas	57
Caminos, vías y pavimentación	24
Casas consistoriales	130
Hospitales	9
Agua potable	98
Mercados	42
Muelles	1
Parques y jardines	136
Portales	9
Líneas telegráficas y telefónicas	42
Placas conmemorativas	135
Panteones	26
Presas	15
Diques	6
Relojes públicos	37
Teatros	8
Quioscos	72
Tranvías	1
Drenaje y saneamiento	2
Cárceles	31
Edificios de administración pública	66
Escuelas	325

Establecimiento de beneficencia	1
Monumentos	88
Horno crematorio de basura	1
Árbol del Centenario	2
Total	**1 418**

Además de estas obras materiales, las celebraciones tuvieron distinto carácter debido a las características históricas y culturales de cada entidad y sus ciudades. En algunas habían ocurrido hechos históricos importantes como en Guanajuato, Michoacán, Guerrero y Morelos; por ello sus fiestas consistieron en recordar a los héroes y los sucesos que ocurrieron en sus territorios. Entre ellas vale la pena resaltar la celebración del XCVIII aniversario de la instalación del primer congreso y la inauguración del Parque del Centenario en Chilpancingo, Guerrero; la inauguración de la fuente, el parque de la Plaza Juárez, el reloj y el pavimento de las calles de Zamora, Michoacán; la apertura del Mercado Hidalgo, la inauguración de un monumento a la Independencia, el desfile de carros alegóricos y la realización de la junta preliminar del congreso de educación en Ciudad Victoria, Tamaulipas. Sin embargo, en todas ellas se destacaron inauguraciones de las obras públicas.

EL CENTENARIO EN ALGUNOS ESTADOS

Aguascalientes

Se hicieron mejoras al Parián y se realizaron partidos de beisbol y una jamaica en el Tívoli de San Marcos. Asimismo se inauguraron el sistema eléctrico de Calvillo y el monumento a los héroes insurgentes.

Chihuahua

Se construyó un horno crematorio de basura, se realizaron desfiles en las calles llenas de vistosos gallardetes y banderas, se instaló una gran linterna luminosa en las escuelas oficiales regalada por la colonia alemana, se repartió ropa a los niños pobres y en Ciudad Juárez se construyeron algunos monumentos conmemorativos. Asimismo, se erigió el Monumento a Juárez, construido en mármol con cuatro placas que representan momentos significativos de su vida del que, en 1909, Díaz había colocado la primera piedra.

Estado de México

Fue uno de los estados más activos y que inauguraron un significativo número de obras de infraestructura en diversas poblaciones, como fue el caso de la ciudad de El Oro. En ésta se construyó el Palacio Municipal, un hospital, el Teatro Juárez, el mercado, el panteón municipal y el rastro. Además se realizaron vistotos desfiles con la participación de miles de personas.

Guerrero

En Chilpancingo se inauguró el puente "Damián Flores".

Hidalgo

En Pachuca se construyeron las torres de la Independencia.

Jalisco

En Guadalajara se sembró el Árbol del Centenario, en el Paseo del Agua Azul se inauguró un monumento a los héroes de la Independencia y se dio una gran función en el Teatro Coliseo cuyos productos se destinaron a aumentar los fondos para la celebración de las fiestas del Centenario. Según *El Imparcial* "las fiestas se prolongaron allí más que en la Capital, todavía a fines de octubre se hizo un desfile histórico como el capitalino".

Nuevo León

Una de las obras más significativas fue el arco conmemorativo de la Independencia.

Oaxaca

Se crearon arcos triunfales neoclásicos emulando victorias del ejército romano que sirvieron de inspiración a la lucha de Independencia y se publicó un libro de historia y estadísticas del estado.

Querétaro

Destacó la inauguración del monumento a la Corregidora, el portal Allende y la Escuela de Bellas Artes.

San Luis Potosí

Se realizó un notable trabajo decorativo en la ciudad de San Luis Potosí, donde circuló un programa de las fiestas con el que el comercio local celebró el Centenario con juegos de sortija, bailes populares, una gran serenata, un concurso de bebés y niños, el de paradores y la gran romería.

Sinaloa

En Mazatlán se inauguró la Calzada del Centenario, por citar sólo un ejemplo.

Tabasco

Se llevó a cabo el Concurso de Bandas, el baile infantil de trajes, el baile del Casino de Tabasco, la procesión de antorchas y se inauguraron algunas obras materiales como el Arco del Centenario y la Biblioteca "Miguel Hidalgo y Costilla".

Tamaulipas

Se inauguró el monumento a los héroes de la Independencia, se llevó a cabo un desfile de carros alegóricos y se verificó la junta preliminar del Congreso de Educación.

Veracruz

Se realizaron actividades vinculadas con sus características geográficas o culturales como fue el caso de las regatas y la inauguración de bibliotecas públicas, además de otras obras importantes que hasta el día de hoy siguen en pie.

Yucatán

Se inauguraron el monumento a Joaquín García Rejón y el edificio de la Junta de Sanidad; se organizó una ceremonia cívica, una exposición agrícola regional y una exposición de la Sociedad de Regeneración Mexicana.

Como ejemplo de la celebración en una ciudad del centro del país, en Zamora, Michoacán, detallamos la nota que apareció en *El Imparcial*, el miércoles 14 de septiembre de 1910, donde se muestra el programa:

DÍA 14

    I. A las 10 a.m. reunido el Ayuntamiento en el Portal municipal, se organizará el bando para la publicación del programa, recorriendo la comitiva, las calles del Águila, de Hidalgo, Avenida Juárez, de Iturbide y la 1ª de Guerrero.

    II. Inauguración de la fuente y parque de la Plaza Juárez, a las 4 p.m.

DÍA 15

I. Alborada con repiques a vuelo en todos los templos y paseo de las Bandas Militares.

II. De 11 a.m. a 1 p.m. audición musical en la Plaza de Armas por la Banda "Aristeo Mercado".

III. A las cuatro p.m. juego de cintas en bicicletas; en las calles de Iturbide, e inauguración del pavimento de las mismas calles.

IV. De las 7 a las 9, gran serenata en honor del señor General Díaz.

V. De 9 a 11 p.m. velada literario-musical, discursos oficiales e inauguración del reloj público.

DÍA 16

I. Alboradas anunciando con solemnidad el gran día del Centenario.

II. Paseo Cívico, concurriendo el Ayuntamiento, empleados públicos, niños de las escuelas oficiales y particulares, alumnos del Colegio Seminario, más de dos mil obreros, fuerzas de seguridad pública, y bandas de música.

III. Concurso de trajes infantiles a las 4 p.m. en la Plaza Carmen Romero Rubio e inauguración de fuentes en la misma plaza.

IV. A las 5 p.m. desfile de carruajes y bicicletas adornadas de la Plaza Principal al Jardín del Teco.

V. Gran serenata, iluminación y fuegos artificiales.

DÍA 17

I. Comida con que serán obsequiados los niños de los Asilos de la ciudad a las 12 a.m. en el interior del nuevo mercado.

II. Velada Literaria por alumnos de las escuelas oficiales y empleados públicos.

DÍA 18

I. De 11 a.m. a 1 p.m. audición musical en el parque Juárez.

II. A las 4 p.m. paseo de carros alegóricos.

III. Gran serenata, iluminación y batalla de flores.

DÍA 19

I. De las 10 a.m. a la 1 p.m. recorrerán la población varias bandas de música y habrá danzas de indios enviadas por las ocho
municipalidades del Distrito.

158. Jura de la bandera en los
estados.

Asimismo, muchos residentes del interior del país viajaron a la
ciudad de México para asistir las fiestas de septiembre. Los que
se hospedaron en el Hotel de Coliseo se llevaron a su casa como
recuerdo un pisapapeles alusivo, otros se conformaron con enviar postales coloreadas sobre la conmemoración y los momentos más heroicos de la guerra de Independencia. En algunas de
ellas aparecía Vicente Guerrero rechazando el indulto virreinal
con la frase: "yo he respetado siempre a mi padre, pero mi Patria es primero"; otras mostraban a Nicolás Bravo liberando a
300 prisioneros, en algunas más aparecía el poema *1910*, de Juan
de Dios Peza, y no faltaron unas muy vistosas, con los colores

patrios, en cuyo centro estaba una águila de la que surgían tres figuras: Hidalgo al centro, Morelos a la derecha, Guerrero a la izquierda y coronando la escena, Porfirio Díaz.

Primeros síntomas

No todo fue miel sobre hojuelas. En varias ciudades ocurrieron incidentes desagradables, algunos debidos al desorden que provocaba la ingestión de alcohol en la vía pública. En otros casos corrieron rumores sobre venganzas personales y en unos más se llegaron a presumir crímenes políticos. Justo como lo muestra el telegrama que, el 14 de septiembre de 1910, envió el jefe político de Monterrey para informar al presidente Díaz sobre la posibilidad de que él o el vicepresidente Corral sufrieran un atentado. Incluso, el 23 de septiembre, llegó de Puebla una noticia mucho más alarmante:

Manifiesto a ud. que, la noche del 15 de los corrientes, al verificarse la ceremonia oficial en el teatro de esta ciudad, se reunió en la calle una verdadera muchedumbre, esperando, quizá, que terminara la velada que yo presidí. Mientras estuve en el teatro y mucho tiempo después, en la calle en que se encuentra, las multitudes guardaron el orden más completo; pero inmediatamente que me retiré, se produjo un escándalo de consideración, que consistió en agrupaciones tumultuosas, gritos destemplados, "mueras" a Ud., palabras injuriosas y obscenas etc. todo provocado por los maderistas a quienes acaudillaba un tal Juan M. Talavera y Madero. Provocaron escándalo, en el momento en que presumieron que la policía no podría disolverlos por la circunstancia de que en esos instantes salían las familias del teatro.

El escándalo empezaba a tomar proporciones; los grupos iban engrosando gradualmente; los escandalosos se precipitaron frenéticos sobre los adornos de la calle que destruyeron desde luego, así como varios aparadores de casas comerciales, por lo cual se hizo necesario, poner en movimiento a la policía, que tuvo necesidad de cargar energéticamente, para disolver las masas compactas; y al fin y sin impender un verdadero trabajo, se logró reprimir el escándalo y enfrenar a los sediciosos, habiendo sido aprehendidos cincuenta y nueve individuos.[134]

Éste fue el primer acto de lo que ocurriría siete meses más tarde, el 25 de mayo de 1911, último día del porfiriato.

Sin embargo, el contraste se muestra en la siguiente carta que fue escrita desde el mismo corazón del porfirismo: la Secretaría de Hacienda, cuyo encargado de despacho, el muy citado Roberto Núñez, escribió a José Yves Limantour:

159. Celebración del Centenario en Chihuahua.

FIESTAS DEL CENTENARIO EN CHIHUAHUA

Concurso de carruajes, verificado el día 18 del corriente.—Coche de sitio del señor Enrique Oruna, premio en el concurso de carruajes de sitio.—Automóvil de la familia Cuilty, segundo premio en el concurso de carruajes particulares.—Coche de las señoritas Terrazas, primer premio del concurso anterior. *Fot. Pimentel*

160. Celebración del Centenario en Chihuahua.

Escribo a Ud. estas líneas para ratificarle todos mis mensajes de la semana, y para decirle que las fiestas han estado realmente suntuosas.

No vacilamos, cuantos hemos recogido de los Embajadores y Ministros extranjeros, en decir que están satisfechísimos y que todos, señoras y caballeros, a una voz dicen que nunca habían visto en ninguna parte del mundo, fiestas como las nuestras.

Hasta ahora las que más se han distinguido son: el banquete de la colonia Alemana, cuyo entusiasmo fue indescriptible, y creo que debido a la excepción que el Señor Presidente hizo concurriendo a ese único banquete, el Kaiser, como obsequio con motivo del santo del General Díaz, le ha enviado el gran collar del Águila Roja; después, la fiesta de Carmelita en Chapultepec, que estuvo feérica; al día siguiente la iluminación de toda la ciudad y especialmente la de los palacios, Nacional y Municipal, y de las torres de Catedral; pero, sobre todo, el momento solemne del grito. No tiene Ud. una idea del entusiasmo enorme del gentío que se congregó frente a los balcones de Palacio en los momentos en que el Presidente, que tenía junto a sí a los Embajadores y enteramente a su lado al español marqués de Polavieja, agitó la campana de Dolores y vitoreó la Independencia en su Centenario.

La [sic] señoras de los extranjeros declararon que no habían visto nunca cosa igual en su vida.[135]

FELICITACIONES Y MÁS FELICITACIONES

Además de las representaciones que asistieron a las fiestas de septiembre, todas las naciones enviaron cablegramas de felicitación a México. En la mayoría de ellos se mezclan los homenajes al país y a Porfirio Díaz. La percepción internacional difícilmente los separaba, justo como se lee en el telegrama que envió el káiser Guillermo II: "Suplico a usted, Señor Presidente, se sirva aceptar mis felicitaciones con motivo de su octagésimo aniversario de su nacimiento".[136] Efectivamente, todos los años las representaciones diplomáticas acreditadas en México felicitaban a Díaz el 15 de septiembre, por esta razón, las delegaciones especiales expresaron su deseo de sumarse a dicho acto y fueron recibidos el día 15 a las once de la mañana. Debido a que Inglaterra no estuvo representada por una delegación especial, la colonia inglesa quiso felicitar directamente a Porfirio Díaz y fue recibida el 30 de septiembre. Los intereses económicos y la diversificación en las inversiones extranjeras que buscaba Díaz tenían en Inglaterra un fuerte aliado, sobre todo en la persona de lord Cowdray, principal inversionista de la compañía El Águila.

HASTA LUEGO

A pesar de algunas eventualidades menores, los festejos se realizaron con gran éxito, justo como se lee en la entrada correspondiente al 1 de octubre del *Diario* de Federico Gamboa: "Septiembre de 1910 ha sido para México un mes de ensueño, de rehabilitación, de esperanza y de íntimo regocijo nacional".[137] El propósito del régimen se había logrado, como se desprende de las declaraciones que publicó *El Imparcial* el 16 de septiembre bajo el título:

LO QUE PIENSAN DE MÉXICO EN EL CENTENARIO LOS SRES. EMBAJADORES

161. Embajadores en compañía de sus esposas.

Hoy que cumple México cien años de haber proclamado su Independencia, los embajadores que han traído a la República la representación de sus países y jefes de Estado, formulan ante el gran recuerdo que estremece el alma de los mexicanos sus mejores votos, emitiendo por conducto de *El Imparcial* un pensamiento.

263

Nuestros lectores pueden ver en este mismo número los correspondientes autógrafos. *El Imparcial* agradece profundamente a los señores embajadores de Italia, Estados Unidos, España, Japón y China, las líneas que se dignaron escribir para él en este día de gloria para México.

Del Excmo. Sr. Curtis Guild, Jr. de Estados Unidos

El pueblo mexicano debe ser altamente felicitado, no sólo por el acontecimiento que se celebra en este Centenario, sino por los encantadores y patrióticos medios de celebrarlo. Las obras públicas, escuelas, monumentos y mejoras permanentes, no pasarán con el ondear de las banderas y la explosión de los cohetes: quedarán fijo como una eterna proclamación del respeto del mundo hacia el fundador de la autonomía de México.

Del Excmo. Sr. Paul Lefaivre, Embajador de Francia

Me es grato unir mis votos a todos los que ofrecen en esta fecha solemne, por la prosperidad de México y felicidad de su ilustre presidente.

Del Excmo. Sr. D. Camilo Polavieja, Embajador de España

Fue la independencia del virreinato de México, una necesaria evolución histórica que dio vida a una nueva nacionalidad, hoy sólidamente constituida, culta, rica y estimada por todos los pueblos; su madre patria, en estos solemnes momentos, llena de orgullo por su hija, la abraza con especial cariño.

Del Excmo. Chan Ying Tang, Embajador de China

Es una dicha singular que tengo al asistir al glorioso Centenario de la Independencia Mexicana.

Del Excmo. Sr. Alfredo Capece Minutolo di Bugnano, Embajador de Italia

Al partir de esta capital donde con tanta bondad, con tanta afectuosa cortesía nos acogido, llevaremos en el corazón un sentimiento de profunda gratitud para este pueblo al cual auguramos un glorioso porvenir.

Del Excmo. Sr. Yasuya Ushida, Embajador de Japón

Deseo a México, miles y miles de años de vida en esta gloriosa ocasión del centésimo aniversario de la Independencia.

Los mensajes de los embajadores y los representantes extranjeros no eran los únicos que mostraban el éxito, ya que Roberto Núñez afirmó, en una de las cartas de esos días a Limantour,

> De ser exactas las noticias que han llegado hasta mí de la solemnización de nuestra independencia, tiene que haber sido grande la impresión que han causado las fiestas y ceremonias, tanto en el ánimo de los nacionales como de los extranjeros que las presenciaron, y esto debe satisfacer altamente a todos los mexicanos, siendo como es evidente que por grandes que sean los errores, las pasiones y los defectos de un pueblo, no faltan en él cualidades de fondo cuando las diversas manifestaciones de su intelectualidad, de su riqueza y de su gusto tienen el éxito feliz que parecen haber tenido las que se han verificado en México en el mes de septiembre.

Por supuesto que tampoco faltaron los críticos del gasto, justo como lo señaló Limantour en una de sus cartas a Roberto Núñez.

> No quiero hablar a Ud. de política en esta carta. ¿Para qué…? Prefiero ocuparme de las otras locuras que están haciendo por allá, como son las del Centenario, pues estas siquiera no tienen más trascendencia que la pérdida de dinero que ocasionan, que después de todo no nos causa ningún trastorno, si es que sólo se hacen por una vez. Dirá Ud. bien que esa locura me ha contagiado hasta aquí, pero la verdad es que no tengo ni valor ni ganas para resistir los asaltos contra el Erario que por todas partes se han de estar llevando a cabo con furia, con los estandartes de Hidalgo y de Morelos al frente. Diviértanse Uds. bien en Septiembre, que Dios sabe si lloraremos en Noviembre o Diciembre.

Sin embargo, en aquellos días también corrió el rumor de que Porfirio Díaz había comentado a sus íntimos una de sus dudas:

si ése no hubiera sido el momento más adecuado para haber dejado la presidencia. La intuición política que tantos beneficios le había dado quizá le hizo caer en cuenta de que las elecciones de julio ya eran motivo de una polémica debido a su resultado conocido de antemano. Asimismo, quizá consideró lo poco oportuno que era publicar el bando de su elección como presidente al final de las fiestas de septiembre y quizá lo mismo le sucedió al pensar su toma de posesión el 1 de diciembre, la cual prolongaría su mandato hasta 1916, cuando él y Ramón Corral ya habían muerto.

LOS PERSONAJES DEL CENTENARIO:
RAMÓN CORRAL

Vicepresidente de México de 1904 a 1911 al mismo tiempo que se desempeñaba como ministro de Gobernación. Aunque participó por razones protocolarias en las fiestas de septiembre en buena parte de los eventos, en algunos significativos no asistió por razones de salud que lo llevaron a la muerte en Madrid en 1912.

En aquellos días, la alabada intuición de Porfirio Díaz probablemente se manifestó por última vez: todo continuó sin cambios ni concesiones para él y para todos los mexicanos.

TERCERA PARTE

LA RESACA DEL CENTENARIO

162. Los diputados durante la protesta de Porfirio Díaz como presidente de la República, luego de "ganar" las elecciones de 1910.

Cuando terminaron las fiestas de septiembre, el país y la historia retomaron su curso. Al cabo de unos meses, la conmemoración del Centenario de la Independencia terminó convirtiéndose en la última oportunidad para mostrar los logros del porfiriato, un hecho que fue perfectamente sintetizado por José Luis Martínez:

> Como si el porfiriato sintiese que aquella era la última oportunidad de un despliegue diplomático, cultural y de ostentación de las obras realizadas, las fiestas y celebraciones para conmemorar en septiembre de 1910 el Centenario de la Independencia nacional tuvieron una magnitud y un esplendor únicos en la historia de México [...] un poco a la mexicana, fue apabullante y con demasiados platos fuertes, como para mostrar al mundo, sin refutación posible, nuestra pujanza en todos los órdenes.[1]

Así, a pesar del inminente fin del régimen, en 1910, por enésima ocasión y sin grandes sorpresas, se declaró el triunfo electoral de

Porfirio Díaz como candidato a la presidencia de la República y, por segunda vez, Ramón Corral ganó la "contienda" por la vicepresidencia. Tras los comicios, como era de esperarse, se fijó la fecha de la toma de protesta en términos constitucionales. El 1 de diciembre de ese año, Porfirio Díaz llegó al Palacio de Minería para tomar posesión del cargo. En las fotografías que le fueron tomadas en aquel día, se le mira con un gesto cansado por los años, pero seguro y firme con uniforme de gala. Lo más significativo del discurso que pronunció ante el Congreso fue su señalamiento sobre las condiciones económicas del país, a las cuales calificó como "óptimas, pues en el pasado año fiscal los ingresos fueron de 106 millones y los egresos de 95 millones".

163. El Plan de San Luis que convocaba a la rebelión en contra del régimen de Porfirio Díaz.

Sin embargo, en esta ocasión, los fraudes que se cometieron en los comicios sí tuvieron consecuencias. Francisco I. Madero convocó al pueblo de México a declarar nulas las elecciones para llevarlas a cabo de nueva cuenta. Así quedó escrito en el Plan de San Luis, el cual fue fechado el 5 de octubre de 1910, en la misma ciudad donde Madero cumplía con un arraigo domiciliario a causa de la orden de aprehensión que se había girado en su contra antes de que se realizaran las elecciones. Al día siguiente, el 6 de octubre, Madero cruzó la frontera rumbo a Estados Unidos donde esperaría el inicio de la Revolución, a la cual había convocado en una fecha precisa: las 18:00 horas del 20 de noviembre de 1910.

Sin camino posible

Poco antes del alzamiento de los maderistas, el 16 de noviembre para ser precisos, Federico Gamboa apuntó, en uno de sus diarios,

> [fue] descubierto un vasto complot revolucionario para derrocar al gobierno. Es su caudillo, Francisco I. Madero [...]. Lo que don Francisco Madero padre me dijera en el restorán de la Maison Doreé [...] después de preguntarle qué era lo que su hijo pretendía: "Panchito es un loco" [...] [Sólo me permite hacerme una pregunta:] ¿se habrán equivocado los dos, el general Díaz no concediéndole importancia, y el señor su padre, calificándolo de enajenado?[2]

Sin embargo, una vez que Federico Gamboa concluyó la escritura de este párrafo, volvió a tomar la pluma y —al igual que en muchos de esos días— apuntó: "Todo el mundo descansa en la solidez del gobierno, y ni los pesimistas piensan que la naciente revuelta lo eche por tierra".[3] Pocos, muy pocos, tenían confianza en que la revolución de Madero alcanzaría la victoria.

Las muestras de esta certeza son legión. En ese mismo mes, la vida de la ciudad de México —al igual que la de la mayor parte del país— no mostraba signos de inquietud y los teatros abrían regularmente: en el Virginia Fábregas se presentaban *Los irresponsables*, de Fernández Arias, y en el Lírico se iniciaba la temporada de *Don Juan Tenorio*. Incluso, el mismo 20 de noviembre

164. Madero al frente de sus tropas en las cercanías de Ciudad Juárez.

—el día que Madero citó a los mexicanos al levantamiento armado— en el Teatro Virginia Fábregas se cantó *La bella marsellesa,* en el Arbeu se presentó la opereta *La princesa del dólar* y en el Lírico el *Vals del amor.* Por su parte, en la edición de *El Mundo Ilustrado* de aquel día se publicó una imagen sumamente interesante: *La casa sobre el puente en Brujas,* una obra de Diego Rivera, quien aún no imaginaba sus obras murales.

Asimismo, como ejemplo de la ignorancia que aún se tenía sobre el futuro, puede recordarse la página que apareció en la última edición de 1910 de *El Mundo Ilustrado,* en la que se hacía una profunda reflexión sobre lo "chic",[4] al tiempo que se presentaba un anuncio del vino de San Germán que decía: "aun los organismos más resistentes y mejor constituidos sufren serios trastornos en estos días de inconstante temperatura",[5] mientras que la última página de esa edición estaba dedicada a la Compañía Fundidora de Fierro y Acero, la cual destacaba por "su salud financiera con un capital de diez millones de pesos con una extensa producción de acero para todo el crecimiento que necesitara México".[6] En *El Imparcial* —al igual que en los otros periódicos— no se daba ninguna noticia de los alzados.

La solidez del gobierno de Díaz, a pesar del llamado a las armas de Madero, parecía indubitable. Por esta razón, el 16 de octubre se renovó el juramento del Patronato de la Virgen de Guadalupe en una ceremonia que fue presidida por el nuncio apostólico, el arzobispo José Mora y del Río. Lo mismo había sucedido el 12 de ese mes, cuando —por iniciativa de la colonia italiana— se celebró a Cristóbal Colón con la participación de 10 000 personas que se sumaron a la comitiva en la que también marcharon los representantes de la Comisión Nacional del Centenario. En aquellos días, con el mismo ánimo celebratorio, los artistas que participaron en la exposición de arte mexicano en la Academia Nacional de Bellas Artes le ofrecieron una gran fiesta en Xochimilco a Gerardo Murillo, quien poco tiempo después sería conocido como el Doctor Atl.

En ese mes también ocurrió uno de los últimos nombramientos diplomáticos del régimen. El presidente designó a su hijo Porfirio como embajador en Japón, un hecho que provocó suspicacias en el gobierno estadounidense debido a una supuesta alianza secreta entre ambos países. Sin embargo, esta designación era parte de un movimiento diplomático que pretendía corresponder a algunos de los gobiernos que enviaron representantes a las fiestas del Centenario, pues el nombramiento del hijo de Porfirio Díaz ocurrió casi al mismo tiempo que otras encomiendas diplomáticas *ad hoc*. Joaquín Casasús fue enviado a Washington, Francisco de la Barra —quien meses después sería el último Secretario de Relaciones Exteriores del régimen y que posteriormente fungiría como presidente interino tras la caída de Díaz— fue destinado a Italia, Sebastián de Mier a Francia, Francisco de Icaza a Alemania, José Castellot a Noruega, Manuel Barreiro a Brasil y el incansable Federico Gamboa a Madrid.

LA DERROTA, UNA REMOTA POSIBILIDAD

Sin embargo, los más sagaces en el gobierno sí estaban al pendiente del llamado maderista, como lo prueba la carta que Roberto Núñez escribió a José Yves Limantour el 18 de noviembre de 1910:

> Se ha descubierto complot maderista que debía estallar del 18 al 30 de noviembre en toda la república. Hay tres o cuatro individuos aprehendidos, entre éstos el dueño del local de la calle de Tacuba, en donde reuníase Círculo Democrático y Antirreeleccionista. Ojinaga, población frontera Norte Chihuahua, parece amagada por 400 hombres. Hoy desórdenes serios en Puebla.[7]

Dos días más tarde, Núñez volvió a escribirle a Limantour para informarle:

> Después de los acontecimientos de esta capital, sorprendió la policía un complot maderista, según el cual la revolución debía estallar en diversas partes del país, del 18 al 30 del presente mes, indicando con esto que Madero pretende posesionarse de la república para el día en que, según él, cesa el Presidente de su cargo por no haber sido reelecto por la voluntad del pueblo.[8]

A pesar de estas noticias, aún se pensaba que los movimientos rebeldes no derrotarían al gobierno y que —en cosa de días y después de unas cuantas decisiones firmes— se terminaría el alboroto. En aquellos momentos, la principal preocupación del régimen era que los alzados afectaran los negocios y mancharan su imagen internacional, justo como lo podemos leer en otra de las cartas de Núñez:

> Desde ayer que comencé a dictar esta carta han llegado las noticias, profundamente desagradables, de los movimientos revolucionarios en México, y de seguir esto durante algunos días nos hará un daño muy serio, no sólo en los asuntos directos el gobierno, sino tam-

bién en todos los negocios que se relacionan con nuestro país. Será imposible contrarrestar el sinnúmero de noticias que por muchos conductos están llegando aquí y en toda Europa. Ya ha causado grande sensación el hecho de que se hable de revoluciones en México contra el Presidente, cuando hace tantos años que ni la palabra se había pronunciado. Por más que queramos dar un carácter local a esas sediciones y disminuir la importancia de ellas, ha cundido ya no poco la alarma, de tal manera que si se repiten en otras partes de la república estos escándalos, se generalizará la desconfianza y se paralizarán los negocios. No puedo figurarme que tales desórdenes lleguen a tomar serias proporciones, porque un jefe como Madero y unos instrumentos como los que entraron en acción en Puebla, no son capaces de poner en peligro el orden de cosas establecido; pero es ya mucho que se vayan concertando los grupos de descontentos para sublevarse a la vez en varios puntos del país.[9]

El mismo Limantour, a principios de ese año, escribió a Porfirio Díaz para informarle que, antes de regresar a México, se detendría en Londres para asistir a un homenaje a México por parte de los británicos, pues ellos no pudieron estar bien representados en las fiestas del Centenario debido a la muerte de Eduardo VII. Sin embargo, en esos días, el ministro de Hacienda continuaba llevando a cabo actividades confidenciales para Díaz, como la compra de armas en Francia para prevenir los desórdenes que se avecinaban y por ello transmitió la noticia que Díaz esperaba con impaciencia: los bancos y propiedades de la familia Madero serían intervenidos.

Asimismo, antes de regresar a nuestro país, Limantour pasó varios días en Nueva York donde intentó un acercamiento con la familia Madero y algunos de los seguidores más relevantes de Francisco.

Vaivenes políticos y tensiones internacionales

Al poco tiempo de su llegada, en marzo de 1911, Porfirio Díaz le ofreció a Limantour la titularidad de la Secretaría de Relaciones Exteriores, lo cual implicaba que —de acuerdo con lo dispuesto por la Constitución de 1857— él se convertiría en presidente provisional en caso de que Díaz renunciara. Limantour no aceptó y continuó al frente de la Secretaría de Hacienda. En el brevísimo periodo que transcurrió desde el regreso de Limantour hasta la renuncia de Díaz —no más de diez semanas— el régimen propuso algunas reformas de gran importancia: una nueva ley electoral que eliminaba la reelección, una nueva ley agraria que fraccionaba las grandes propiedades rurales y una reorganización de la impartición de justicia. Sin embargo, ya era demasiado tarde: los maderistas se habían levantado en armas y muchos empezaban a sumarse a sus filas.

Para colmo de males, las relaciones con Estados Unidos se habían tensado. La negativa mexicana para renovar la concesión de bahía de Magdalena en Baja California, gracias a la cual la armada estadounidense realizaba ejercicios de tiro y abastecía de carbón a sus naves, se había convertido en un punto de conflicto. Asimismo, el apoyo que el gobierno mexicano dio al presidente Madriz, de Nicaragua, la afectación de intereses americanos por la nacionalización de los ferrocarriles, el otorgamiento de concesiones petroleras al inglés Cowdray, al igual que las medidas emprendidas contra la venta de armas estadounidenses a revolucionarios, habían enrarecido mucho más el ambiente. Así, cuando los maderistas se levantaron en armas, el gobierno estadounidense ordenó la concentración de varios miles de soldados en su frontera con México, al tiempo que su flota se apostó frente a los puertos de nuestro país.

Habían quedado atrás, muy atrás, las palabras que el embajador especial de Estados Unidos, Curtis Guild, había declarado a la prensa el 1 de octubre a las ocho de la mañana del año anterior, a su regreso de las fiestas del Centenario, y que fue transmitido por la embajada de México en Washington al ministro de Relaciones Exteriores. Ante una multitud de periodistas había declarado:

La celebración del Centenario de México fue en todo sentido de la palabra un éxito. La celebración consistió [...] no sólo en una larga serie de actos públicos y ceremonias [...] sino particularmente en la inauguración de grandes obras públicas para el mejoramiento del pueblo mexicano. México mostró gran sabiduría en gastar la mayoría del presupuesto asignado a la celebración, no en actividades coyunturales e iluminaciones, que fueron magníficas, sino en la creación de hospitales, el establecimiento de la Universidad Nacional, todo tipo de escuelas, la inauguración de un gran sistema de aprovisionamiento de agua [...] y monumentos cívicos.
[...]
Porfirio Díaz en treinta años ha hecho crecer a su país de una masa heterogénea de facciones a una nación de primera clase, cuyo crédito compite favorablemente con el de muchas de las grandes naciones europeas, su ejército es disciplinado, su artillería en algunos puntos es superior a la nuestra, su educación pública se incrementa y mejora año con año [...] El Presidente a pesar de sus 80 años está erecto como un pino y con la mandíbula cuadrada de un hombre fuerte... Vi su carruaje abierto pasando entre la multitud tan cerca que cualquiera lo tocaba con una mano [...] recuerdo haber visto y no los comparo desfavorablemente con las condiciones de gente pobre en algunos países de Europa [...] la prosperidad material del país va hacia adelante a pasos agigantados. Han aparecido ciertos desafortunados artículos en periódicos de escándalos americanos, que han hecho creer en México que algunas misteriosas facciones políticas en EU están buscando desacreditar la estabilidad del gobierno mexicano a fin de crear una excusa para interferir en los asuntos mexicanos. Éstos han envenenado de modo claro y manifiesto. El mal que causa la exageración por los medios de comunicación que hacen en sus artículos se hizo claramente manifiesta. Pienso, sin embargo que afortunadamente la delegación americana, representada como estaba, no sólo el ejecutivo sino también el legislativo ha ganado en disipar

la sospecha en México que la gente americana o su gobierno tenga cualquier tipo de deseo de interferir con la Independencia de México y sus instituciones de acabar con cualquier rumor. Tratamos, por lo menos, de crear el entendimiento de que las relaciones entre dos naciones deben de ser como las de dos amigos en igualdad con mutuo respeto. El gobierno mexicano y su pueblo definitivamente nos mostró sus deseos de no ser meramente buenos amigos sino los mejores vecinos.[10]

LA LUCHA MADERISTA

En aquellos momentos, Madero buscaba lograr algunos cambios precisos que ya había anunciado en *La sucesión presidencial en 1910*, justo como lo señala Friedrich Katz: "en ese libro afirmó que los problemas fundamentales de México eran el absolutismo y el poder irrestricto de un hombre".[11] Efectivamente, Madero llamó a la rebelión para revertir la expropiación de las tierras comunales, la cual había provocado la indignación y el malestar de los grupos campesinos. Asimismo, pretendía anular las elecciones y dar vigencia al principio de no reelección. Madero tenía confianza en su movimiento, por eso escribió a José María Pino Suárez en los siguientes términos:

Hemos pasado las fiestas del Centenario sin novedad, pero usted sabrá que en muchas partes de la república ha habido grandes manifestaciones, tanto a favor nuestro, como de desagrado al gobierno pues en todas partes han predominado los mueras contra el General Díaz.[12]

La confianza de Madero no era una locura, pues el general Mucio Martínez —que estaba destacado en Puebla— escribió a Porfirio Díaz:

Desde hace varios días se venía rumorando en esta ciudad, como en varias del país, que para el próximo domingo se efectuaría un movimiento revolucionario iniciado por los antirreleccionistas. Aunque no le di completo crédito a esa versión sí creí oportuno dictar todas las medidas necesarias para poder reprimir cualquier trastorno. El grupo al que aludía eran los hermanos Serdán, quienes ese mismo día vieron allanada su casa [...] Hicimos a los contrarios veinte muertos, cuatro heridos, siete prisioneros y les apresamos como ciento cincuenta rifles, unos sesenta mil tiros, varias bombas de dinamita y varias actas y proclamas.[13]

Aunque Díaz tomó posesión el 1 de diciembre, el país se levantó en armas. En Puebla, como bien se lee en la carta anterior, los Serdán fueron descubiertos y asesinados por las fuerzas federales; en Chihuahua se alzaron Pascual Orozco y Pancho Villa; Maytorena hizo lo mismo en Sonora, Eulalio y Luis Gutiérrez tomaron los fusiles en Coahuila; Zapata hizo lo propio en Morelos y Luis Moya no se quedó atrás en Zacatecas.

En los meses previos a su renuncia, Díaz apareció poco en público. El 20 febrero de 1911 no se presentó a la función en la

165. Hombres celebran, arriba de un tranvía, la renuncia de Porfirio Díaz.

que el pianista Arthur Friedheim, discípulo de Liszt, interpretó por primera vez en México algunos fragmentos del *Crepúsculo de los dioses* y la *Despedida de Wotan* como si de un presagio se tratara. El motivo de este concierto fue la inauguración de la nueva Casa Wagner y Levin. En aquella ocasión, el palco reservado a Porfirio Díaz permaneció vacío.

Unos días antes de su renuncia, el 7 de mayo, *Tiempo de México* entrevistó a Díaz y, entre otras preguntas, surgió la central: si él se mantendría en el poder. La respuesta de Porfirio Díaz fue enfática:

> Sí. Permitir que la Presidencia de la República quede en manos de un grupo de hombres armados no es restablecer el orden sino abrir otro período de incertidumbre. Dejaré el poder cuando mi conciencia me lo diga y no entregaré el país a una anarquía.[14]

Sin embargo, a los pocos días y luego de la caída de Ciudad Juárez en manos de los maderistas y de la suscripción de los tratados de paz, Díaz presentó su renuncia el 25 de mayo de 1911 y el 31 del mismo mes abandonó Veracruz a bordo del *Ypiranga*. Iba

166. Multitud de personas despidiendo al general Díaz, momentos antes de partir rumbo al exilio.

167. Porfirio Díaz, en el *Ypiranga*, abandona el país el 31 de mayo de 1911.

rumbo a Europa, donde moriría tres años más tarde, en París, el 2 de julio de 1915.

Durante su exilio en Francia, Porfirio Díaz sufrió un cierto arrepentimiento por no haber empleado toda su fuerza contra los maderistas, pues un ejército muy pequeño había derrotado a uno más poderoso. No en vano, en una carta muy poco conocida —fechada el 28 de febrero de 1912— le confesó a su amigo Enrique Fernández Castelló:

En cuanto a las plagas que afligen al pobre México, nada de lo ocurrido hasta hoy es tan grave como lo pronosticado o para final próximo, y toda obra de nuestros compatriotas, ahora siento no haber reprimido la revolución, tenía yo armas y dinero; pero ese dinero y esas armas eran del Pueblo, y yo no quise pasar a la historia empleando el dinero y las armas del pueblo para contrariar su voluntad, con tanta más razón cuando podía atribuirse a egoísmo, una suprema energía como la que otra vez apliqué a mejor causa, contra enemigo más potente y sin elementos.

Digo que siento no haberlo hecho porque a la felicidad nacional debí sacrificar mi aspecto histórico.[15]

Así se explicaba lo que la prensa mundial cuestionaba: cómo un grupo de 5 000 no podía ser controlado por un ejército varias veces mayor.

EL CANTO DEL CISNE

Tras la caída de Díaz, la celebración del Centenario del inicio de la Independencia quedaría como una imagen legendaria del fasto porfirista. Ella sólo permanecería en el imaginario colectivo de los mexicanos como la mágica fiesta de una corte imperial.

La parafernalia del Centenario se transformaba en reliquia. Esto fue lo que ocurrió con las medallas conmemorativas —como las que realizó el escultor Manuel Centurión—; lo mismo pasó con las que fueron diseñadas por la casa Tiffany's en las que aparecía una victoria alada con el lema *Alis volat at propris* y que en su anverso decían: "La República Mexicana en el primer Centenario de su Independencia", con las obsequiadas por la Compañía Cervecera Toluca-México y la Cervecería Cuauhtémoc de Monterrey que mostraban las efigies de Cortés e Iturbide con la leyenda "Loor eterno a México, Españoles, Loor eterno a España, mexicanos".

Lo mismo ocurriría con los pañuelos de seda con una cinturilla decorada con el escudo nacional y que una de sus esquinas mostraba la imagen de Porfirio Díaz en traje divisionario. La transformación en reliquia también se apoderaría de las pequeñas bolsas de seda con los bordes decorados con una cintilla tricolor y que en su centro presentaban la efigie de Porfirio Díaz en traje civil. Incluso, los bustos en arcilla del presidente Díaz, elaborados por los alfareros Pandero, terminarían siendo guardados en la parte más oscura de los roperos.

En pocos meses la admiración por Díaz había sufrido un cambio radical. El maderismo pronto descubrió las enormes posibilidades que ofrecían las "vistas" y los fotógrafos. Aprovechando la proliferación de salas cinematográficas, logró que se proyectaran escenas del triunfo revolucionario y los mensajes políticos que cambiaron la actitud de los ciudadanos hacia Díaz y su gobierno. Se dice que se regalaron miles de entradas a las salas cinematográficas para las funciones donde se exhibían las películas sobre la toma de Ciudad Juárez y la entrada a la ciudad de México, lo que convencía a la población de la derrota de Porfirio Díaz.

La nueva guerra

Caído Díaz, Bernardo Reyes llegó a Cuba proveniente de Europa, y después regresó a México donde tuvo algunos acercamientos con el maderismo, los cuales, al cabo de unas cuantas conversaciones, se volvieron distancias infranqueables. No pasó mucho tiempo antes de que el general partiera a Estados Unidos y se descubriera el complot que estaba preparando para derrocar a Madero. Al cruzar la frontera se entregó en Linares, Nuevo León. Fue trasladado a la prisión de Tlatelolco los últimos días de 1911, donde permaneció encerrado hasta la noche del 9 de febrero de 1913, cuando se inició la Decena Trágica. Murió montado en su caballo *Lucero* queriendo entrar a galope a Palacio Nacional. Varias balas le perforaron la cabeza y cayó muerto sobre la capa que le había regalado el rey Alfonso XIII de España.

El último militar de las luchas liberales murió al comenzar la Decena Trágica. El hombre que a los 17 años fue testigo de la entrega de la espada de Maximiliano de Habsburgo a Mariano Escobedo falleció y con su muerte se cancelaría la última posibilidad de que —con excepción de Huerta— un militar decimonónico tomara el poder. México, por la fuerza de las armas, había sido cedido a una nueva generación de uniformados de colores, ideas y luchas que se iniciaron con la Revolución.

EPÍLOGO

1921

Debido a una paradoja de la historia y de los tiempos, sería otro gobierno el que conmemoraría la consumación de la Independencia. Mientras a Porfirio Díaz le correspondió celebrar el Centenario del inicio de la lucha, a Álvaro Obregón le tocó festejar el fin de la lucha independentista. En efecto, el 27 de septiembre de 1921, el porfiriato ya sólo era un recuerdo, mientras que el régimen de la Revolución era una realidad indubitable.

El miércoles 1 de septiembre de 1921, *El Universal* publicó un suplemento de 144 páginas y una separata de ocho planas impresa en cromograbado. En sus doce secciones, Iturbide aparecía como la figura central de los festejos sin dejar de lado a Guerrero y Bustamante. Por supuesto los iniciadores del movimiento —Hidalgo y Morelos— también estaban presentes. En estas páginas también se mostraba con precisión el espíritu de los festejos:

México, una de las más grandes entidades de la América Latina, no podía constituir nunca una excepción dejando de conmemorar dignamente el Centenario de la consumación de su Independencia, máxime cuando países de menor significación que la suya en el continente, habían celebrado ya con el debido esplendor el centésimo aniversario de su liberación política de España. Era por lo tanto de esperarse que bajo los auspicios de un gobierno emanado de una revolución, cuyo más alto lema ha sido la libertad, se apresurase a rendir justo homenaje a los próceres que tras larga lucha heroica, que asume las magnitudes de la epopeya supieron derramar su sangre para constituir una patria.

El gobierno que vivía ese momento histórico y asumió la responsabilidad de los festejos fue el del general Álvaro Obregón. Para tal efecto, durante un Consejo de Ministros, que se llevó a cabo en mayo de 1921, se propuso que: "las fiestas patrias de septiembre se celebrasen de una manera inusitada como convenía hacerlo tratándose del primer siglo que cumplía México en su vida de libertad".[1] Para lograr este objetivo se integró una Comisión Organizadora de las Fiestas del Centenario de la Consumación de la Independencia Nacional, la cual coordinaría y unificaría las acciones gubernamentales con el fin de preparar el programa oficial.

Integraron la Comisión Organizadora: Plutarco Elías Calles, quien en aquel momento fungía como secretario de Gobernación; Alberto J. Pani, el entonces secretario de Relaciones Exteriores, y Adolfo de la Huerta, que estaba al frente de la Secretaría de Hacienda y Crédito Público. En su primera reunión de trabajo acordaron nombrar un Comité Ejecutivo que se encargaría de elaborar el programa de los festejos.

Este organismo, cuando menos en principio, estaría integrado por un delegado de cada dependencia gubernamental, además de los representantes de asociaciones, centros literarios y científicos, colonias extranjeras residentes en México y, por supuesto, algunos particulares. A pesar de tan buenas intenciones, el comité sólo quedó constituido por representantes gubernamentales: Emiliano López Figueroa (presidente), Juan de Dios Bojórquez (vicepresidente), Carlos Argüelles y Martín Luis Guzmán (secretario).

José Vasconcelos, el entonces secretario de Educación, no aceptó pertenecer al comité, pues consideró que sería un gasto innecesario frente a las grandes necesidades del país. Incluso tomó distancia de la ideología que animaba a los festejos, justo como lo señaló en uno de sus textos: "nunca se habían conmemorado antes los sucesos del Plan de Iguala y la proclamación de Iturbide, ni volvieron a conmemorarse después. Aquel Centenario fue una humorada costosa".[2]

El Comité Ejecutivo se instaló en el edificio de la Secretaría de Relaciones Exteriores. Una vez que ocuparon sus lugares, los representantes del gobierno federal enviaron a los estados las cartas en las que les informaba sobre los festejos, al tiempo que les solicitaban sus propuestas para llevar a cabo la conmemoración. La prensa también fue convidada, precisando que los trabajos del comité serían publicados en los diarios a fin de recibir las observaciones que enriquecerían el programa oficial.

En una entrevista que concedió a un reportero de *El Universal*, Emiliano López Figueroa especificó con toda claridad el carácter que deberían tener las fiestas del Centenario de la consumación de la Independencia:

> El señor Presidente de la República, así como los Secretarios de Estado que forman la Comisión Organizadora, tienen el firme propósito que las fiestas sean hasta donde sea posible eminentemente [no se distingue la palabra] el criterio del Gobierno es que el pueblo mexicano es quien debe disfrutar más de ellas, supuesto que él es el que tiene más derecho para ello. En consecuencia el Comité Ejecutivo que me honro presidir, tendrá siempre por norma que los habitantes de México tomen participación en los festejos, ya que no se conmemora el triunfo político de una clase privilegiada en el momento histórico más trascendental que tenemos, sino el triunfo del mismo pueblo. Por lo tanto será rarísima la fiesta a la que no puedan concurrir las clases laborantes.[3]

Asimismo, al referirse a la conmemoración del Centenario organizada por Porfirio Díaz, el mismo López Figueroa dijo:

> [...] las fiestas que se efectuaron durante el régimen tiránico del general don Porfirio Díaz. Según él, se caracterizaron porque únicamente tomaron participación las clases aristocráticas y burocráticas. Las demás clases, es decir aquellas que precisamente tenían más derecho para asistir, ya que son las fuentes vivas de la energía y del heroísmo nacionales, fueron sistemáticamente descartadas.

En efecto —agrega—, las personas que no pertenecían a tales clases formaban únicamente la inmensa masa de espectadores. La conmemoración del Centenario del célebre grito de Dolores, no fue, por consiguiente nacional. Tan significativa fecha fue celebrada en el reducido espacio de dichas esferas sociales.

El gobierno actual que está sostenido por la voluntad del pueblo, no puede, ni desea, por lo tanto seguir semejante conducta. Al contrario, como he manifestado, abriga el firme propósito de que todos los mexicanos celebren fraternalmente el gran día de México.[4]

El mensaje era claro. A diferencia de lo que se consideraba el programa elitista que llevó a cabo el antiguo régimen, se definieron 140 actividades populares que se desarrollaron en septiembre de 1921, entre ellas destacan: la distribución masiva de ropa, la apertura de ocho comedores públicos en la ciudad de México y el obsequio de dulces y juguetes a diez mil niños pobres. El pueblo, según se afirmaba en el discurso oficial, era lo más importante.

Dos eventos ejemplifican este nuevo espíritu que pretendía rescatar lo mexicano: la Exposición de Arte Popular y la fiesta que se organizó en el Bosque de Chapultepec. La primera —que mostraba sarapes, cerámica, lacas, rebozos, dulces, textiles y muebles— fue preparada por dos de los principales artistas de la exposición de 1910: Jorge Enciso y Roberto Montenegro. Por su parte, la segunda fue organizada por el pintor Adolfo Best Maugard y se desarrolló durante tres días con bailes populares, desfiles de antorchas, combates de flores y música popular.

A esta celebración también fueron invitadas delegaciones de todos los países que tenían relaciones diplomáticas con México, a quienes se les ofrecerían recepciones oficiales. Sin embargo, en esta ocasión, a diferencia de 1910, la presencia internacional se concentró en los gobiernos latinoamericanos —especialmente en los centroamericanos— de quienes quedó como testimonio de su participación el nombre de sus naciones en varias calles del centro de la ciudad de México. Asimismo, como homenaje a España, se bautizó al nuevo parque de la colonia Hipódromo Condesa como Parque España.

Entre las actividades oficiales que se llevaron a cabo, destaca la visita a la ciudadela de Teotihuacan que recién había sido descubierta, un hecho que fue ampliamente reseñado por el periódico *Excélsior*, que también dio cuenta de la comida que se celebró en honor de los invitados extranjeros en las grutas cercanas a la zona arqueológica. A diferencia de los menús de 1910, en esta ocasión se sirvieron platillos mexicanos y los asistentes recibieron como obsequio una guía de la ciudad prehispánica que fue preparada por Manuel Gamio.[5]

Además de la visita a Teotihuacan, el programa abarcó varias inauguraciones: la iluminación eléctrica de la gran avenida del Bosque de Chapultepec, el embarcadero de Xochimilco, la colocación del reloj obsequiado por la comunidad china en la calle de Bucareli y la del camino de Tlalpan a Contreras. Evidentemente, los eventos militares también formaban parte de los festejos, justo como ocurrió con el desfile militar realizado por los 16 000 hombres de las tres armas que recorrieron la misma ruta que siguió el Ejército Trigarante durante su entrada a la ciudad de México en septiembre de 1821. El programa, obviamente, fue complementado con congresos, conciertos y torneos deportivos que se llevaron a cabo en todo el país.

AL VAPOR

La manera en que se llevó a cabo esta celebración tuvo una magnitud muy diferente de la que caracterizó al festejo de 1910. En 1921, no se dispuso de suficiente tiempo para la organización, un hecho que se adicionó a las penurias de una nación recién salida de un movimiento armado y también se sumó a la confusión que se creó al glorificar a personajes que —como Agustín de Iturbide— no eran los paradigmas de un gobierno revolucionario. Estos hechos, sin duda alguna, marcaron la diferencia.

Es claro que el gobierno de Obregón trató de separarse lo más que pudo de los festejos porfiristas subrayando tres aspectos: una celebración nacional, popular y encaminada a recuperar el ingrediente indígena de la identidad mexicana. Por estas razones, el discurso oficial enfatizó que las celebraciones cívicas del Centenario de 1921 servirían para educar a los mexicanos en la verdadera nacionalidad.

Sin embargo, la educación —que era la bandera del movimiento revolucionario y del gobierno de Obregón— no pudo plasmarse plenamente en el programa a pesar de que sus resultados ya comenzaban a verse, como ocurrió con la inauguración del nuevo edificio de la Secretaría de Educación Pública, que sustituía al Ministerio de Instrucción Pública y Bellas Artes. Algo muy parecido sucedió con el programa de bibliotecas públicas y con la edición de las obras de autores clásicos, por sólo citar algunas de las iniciativas de Vasconcelos que ya formaban parte del ideario de los gobiernos revolucionarios.

HISTORIA Y CELEBRACIÓN

La recuperación a medias de Agustín de Iturbide como héroe de la Independencia provocó grandes problemas, pues los grupos más tradicionales y conservadores habían logrado un acotado reconocimiento de este personaje como el emperador Agustín I. Por esta razón, el gobierno revolucionario terminaría dando marcha atrás y propondría la recuperación de Vicente Guerrero como figura emblemática del mestizaje.

Asimismo, durante los festejos de la consumación de la Independencia, el gobierno obregonista añadió algunos personajes de la Revolución al panteón laico, justo como ocurrió con Belisario Domínguez, cuyo nombre se incluyó en la lista de honor de la Cámara de Diputados para sustituir a Iturbide. Sin embargo, uno de los casos más complicados que enfrentó el obregonismo fue su necesidad de ligar el aspecto agrario de la

Revolución con la figura de Emiliano Zapata, cuyo asesinato había ocurrido poco tiempo antes de los festejos.

Los valores y contravalores que encarnaban Guerrero, Domínguez y Zapata se sumarían a la visión liberal de la Independencia y la amplitud de posiciones que surgieron bajo el amparo de la Revolución, las cuales allanarían el camino que culminó con la creación del Partido Nacional Revolucionario que aglutinó a casi todos los grupos del movimiento armado.

Surgía la idea de la Revolución como el inicio de una nueva historia nacional. Quedaba claro que el gran artífice ya no era Díaz, sino Álvaro Obregón, y que la paz y el orden, insignias del porfirismo, ya no eran los motores del progreso, pues estas cualidades sólo las tendría la Revolución.

Había nacido un nuevo modo de proyectar el pasado y la historia, y el único recuerdo que queda de aquellas celebraciones son los "centenarios" de oro.

100 AÑOS DESPUÉS

Cien años después del mítico 1910 sólo nos queda la posibilidad de reconocer la eficacia del porfiriato para cumplir sus fines, para aquilatar su propuesta de no dejar a nadie demasiado fuera y, sobre todo, para admirar su elección de las obras materiales cuya utilidad continúa siendo indiscutible. Los teatros, edificios públicos, parques, jardines y caminos siguen en pie para mostrarnos el sueño de modernidad que animó a los porfiristas.

Las fiestas de 1910 fueron el espejo en el que la sociedad porfiriana se vio confrontada a los modelos culturales que tanto admiraba y donde no había cabida sino para pocos. Los otros, los que no asistieron a las recepciones oficiales, no esperaron mucho para buscar su espacio en el flujo de la historia de México, aunque los habitantes de casi 1 500 municipios tuvieron una obra como había sido el principio inspirador del Programa de 1910. En éste se subrayaba que, cuando menos, cada comunidad nacional tuviera una de beneficio social.

A pesar de los innegables avances materiales de entonces y una incuestionable desigualdad social que buscaba paliarse con un progreso indefinido y un orden inquebrantable, ¿México podría integrarse a los países con situaciones económicas privilegiadas que enviaron a sus representantes a las fiestas del Centenario?, ¿la educación, los avances materiales bastarían para unir al país con las corrientes mundiales?, ¿México podría asimilar un cambio tan profundo en las estructuras del pensamiento nacional?, ¿las estructuras políticas darían las condiciones y serían capaces de crear los contextos necesarios para fortalecer un país que no se limitara a importar modelos culturales, económicos o políticos?, ¿la estructura social podría nivelarse con el fin de lograr esas transformaciones en todos los habitantes del territorio nacional?, ¿sus grupos gobernantes veían la necesidad de transformar el país más allá de reproducir un modelo foráneo que beneficiaba a unos cuantos?, ¿las élites económicas permitirían el desarrollo de una clase media y su incorporación a las grandes decisiones del país a través de la participación popular?, ¿el modernismo del que estaba tan orgulloso el gobierno, y era piedra angular del discurso de las fiestas patrias, iría más allá de obras materiales?

Cien años después del primer Centenario nos hacemos esas preguntas que difícilmente sus contemporáneos podían ver en el conjunto nacional y cuyas primeras respuestas, en ese momento, estaban atomizadas. Por un lado, unos creían que sólo con un régimen democrático se lograría la justicia, como era el caso de Madero y sus seguidores. Por otro lado, las respuestas más radicales eran sólo declarativas y dispersas. Otras más estructurales (reparto agrario, derechos laborales, educativos, entre otros) llegarían después en la medida que aún no se formulaba y no había una respuesta integral a los problemas de desigualdad y nula participación política. Las provenientes de los propios actores porfiristas derivados de un pensamiento social más profundo eran nulificados por el propio general Díaz.

En México, la celebración del Centenario del inicio de la Independencia quedaría como una imagen legendaria del fasto porfirista. Esos días permanecerían en el imaginario como las mágicas fiestas de una corte imperial. Poco después, en 1914, las residencias que no se utilizaron como alojamiento de los representantes de las monarquías y las repúblicas, por estar fuera del circuito citadino de la conmemoración, servirían para alojar a los ejércitos constitucionalistas. Éste fue el caso de la de Joaquín Baranda, ocupada por el general Lucio Blanco cuyas tropas quemaron los muebles y destruyeron una buena parte de la construcción; la de la familia Gómez de Parada, en la que se instaló Álvaro Obregón, y la de los De Teresa, en Tacubaya, que alojó al general Pablo González y sus regimientos en los enormes jardines que ahora son una buena parte de la colonia San Miguel Chapultepec. En este caso, González la cuidó e incluso castigó a los que quisieron hacer desmanes como simulacros de fusilamiento a los animales del zoológico familiar, la quema de las sillas del teatro y del enorme piano en el que —durante los mejores años del porfiriato— se interpretaron espléndidos conciertos privados. A este respecto, Limantour escribió a Porfirio Díaz con sorna, desde Londres, que ellos deberían consolarse, pues se hallaban "en buena compañía de unas diez o doce familias amigas y conocidas cuyas casas han sido también ocupadas por personas u oficinas del nuevo gobierno". Todas esas casas, testigos de la conmemoración y los años posteriores, desaparecieron; salvo el Palacio Cobián, donde en las fiestas de septiembre se alojó la delegación estadounidense, y que continúa como sede de la Secretaría de Gobernación.

El canto del cisne se oyó lejos, muy lejos, hasta el más distante centímetro del territorio y cada quien se hizo justicia como mejor creyó. Corrió sangre, pero el país renovó su vida.

NOTAS

PRIMERA PARTE
MÉXICO 1910: LA CEREMONIA DEL GRITO

[1] Autógrafo de Porfirio Díaz, archivo Enrique Fernández Castelló.

[2] Federico Gamboa, *Mi diario V (1909-1911). Muchos de mi vida y algo de la de otros,* México, Consejo Nacional para la Cultura y las Artes, 1995, pp. 127-128.

[3] Vale la pena comentar que, años atrás, estos restos habían sido conducidos en solemne procesión al Altar de Reyes para convertirse en los primeros santos laicos de la patria. En aquel entonces, los canónigos de la catedral acordaron retirarlos y los depositaron en la cripta del virrey O'Donojú. Posteriormente fueron olvidados, en algunos casos se vendieron y se llegó a afirmar que los peones que hacían arreglos en las criptas sacaban los huesos para jugar. Incluso se acusó a Juan Nepomuceno Almonte de exhumar los restos de su padre, José María Morelos, y llevárselos a París. Años después, en 1893, se inspeccionó la cripta hasta que, en 1895, la sociedad mutualista La Gran Familia Modelo propuso trasladarlos a la cripta de San José. Así, las osamentas fueron lavadas y asoleadas con el fin de ser depositadas en una nueva urna el 30 de julio de ese año. Ahí permanecieron hasta 1925, cuando el anticlericalismo de Calles le impidió asistir a la Catedral; sin embargo, cuatro años antes, en 1921, el presidente Obregón sí entró al templo con gran comitiva a rendir un homenaje a la urna que contenía los restos de los héroes nacionales.

[4] Fernando Serrano Migallón, *El grito de Independencia. Historia de una pasión nacional,* pról. de Andrés Henestrosa, México, Porrúa, Col. "Sepan Cuantos..." 653, 1988, p. 120.

[5] *El Imparcial,* México D. F., jueves 15 de septiembre de 1910.

[6] *Idem.*

[7] *Idem.*

[8] *Idem.*

[9] *Idem.*

[10] *Idem.*

[11] *Idem.*

[12] *Idem.*

[13] *Idem.*

[14] *El Imparcial,* México D. F., sábado 2 de septiembre de 1910.

[15] Enrique Alonso, *María Conesa,* pról. de Carlos Monsiváis, México, Océano, 1987, p. 9.

[16] *Ibid.,* p. 10.

[17] *Ibid.,* p. 85.

[18] Enrique Alonso, *op. cit.,* p. 85.

[19] *El Imparcial,* México D. F., jueves 16 de septiembre de 1909.

[20] *Vid.* apéndice.

[21] *Crónica oficial de las Fiestas del Primer Centenario de la Independencia de México,* publicado bajo la dirección de Genaro García por acuerdo de la Secretaría de Gobernación, México, Talleres del Museo Nacional, 1911, p. 1.

[22] Lorenzo Meyer, *Las raíces del nacionalismo petrolero en México,* México, Océano, 2009, p. 47.

[23] *Idem.*

[24] Enrique C. Creel, *Memorias 1909-1931,* pról. de Enrique Krauze, México, [s.p.i], [s.a.], p. 14.

[25] Andrés Molina Enríquez, *Los grandes problemas nacionales,* México, Imprenta de A. Carranza e Hijos, 1909, p. 291.

[26] Citado por Abelardo Villegas en: Justo Sierra, *Evolución política del pueblo mexicano,* pról. de Abelardo Villegas, Caracas, Fundación Biblioteca Ayacucho, 1977, p. XXIII.

[27] Moisés González Navarro, "La vida social", en Daniel Cosío Villegas, *Historia moderna de México, El Porfiriato,* México, Hermes, 1957, t. X, p. 383.

[28] Francisco I. Madero, *La sucesión presidencial en 1910,* pról. de Moisés González Navarro, México, Offset, 1985, p. 19.

[29] *México en cien reportajes 1891-1990,* México, Grupo Azabache, 1990, p. 55.

[30] *Idem.*

[31] *Idem.*

[32] José Vasconcelos, *Don Evaristo Madero. Biografía de un Patricio,* México, Impresiones Modernas, 1958, p. 192.

[33] William D. Raat, *El positivismo durante el porfiriato (1876-1910),* México, SepSetentas, 1975, pp. 107-108.

[34] María Sodi de Pallares, *Demetrio Sodi y su tiempo,* pról. de Eduardo Vasconcelos, México, Construcción, 1947, p. 100.

[35] Artemio Benavides Hinojosa, *Bernardo Reyes, un liberal porfirista,* México, Editorial Castillo, 1998, p. 295.

[36] José Vasconcelos, *op.cit.,* p. 256.

[37] Francisco I. Madero, *op. cit.,* p. 34.

[38] Federico Gamboa, *op. cit.*, p. 136.

[39] Evaristo Madero a José Yves Limantour, Monterrey, 11 de enero de 1911. Centro de Estudios de Historia de México CARSO, Archivo José Yves Limantour, microfilm, rollo 70, Tercera Serie (1910-1919).

[40] Paul Garner, *Porfirio Díaz, del héroe al dictador*, México, Planeta, 2003.

[41] *México en cien reportajes 1891-1990*, México, Grupo Azabache, 1990 p. 57.

[42] *El Imparcial*, México D. F., domingo 5 de septiembre de 1909.

[43] Moisés González Navarro, *op. cit.*, p. 676.

Segunda parte
Las fiestas del Centenario

[1] *El Imparcial*, México D. F., sábado 1 de enero de 1910.

[2] *Idem.*

[3] *El Mundo Ilustrado*, septiembre de 1910.

[4] Federico Gamboa, *op. cit.*, p. 89.

[5] Francisco I. Madero, *op. cit.*, p. 19.

[6] *El Imparcial*, México D. F., sábado 1 de enero de 1910.

[7] *El Imparcial*, México D. F., miércoles 5 de enero de 1910.

[8] *Arte y Literatura*, enero de 1910.

[9] Cristina Barros y Marco Buenrostro, *Vida cotidiana. Ciudad de México 1850-1910*, México, CONACULTA, Lotería Nacional para la Asistencia Pública, UNAM, FCE, 1996, p. 76.

[10] *El Imparcial*, México, D. F., miércoles 6 de septiembre de 1910.

[11] Cristina Barros y Marco Buenrostro, *op. cit.*, p. 114.

[12] *El Imparcial*, México, D. F., martes 5 de septiembre de 1910.

[13] *Idem.*

[14] *La Semana Ilustrada*, 11 de febrero de 1910.

[15] Fernando Serrano Migallón, *op. cit.*, pp. 44-45.

[16] *Ibid.*, p. 118.

[17] Alfonso Reyes, *Obras completas de Alfonso Reyes*, tomo 1, México, FCE, 1989, p. 157.

[18] Mauricio Tenorio Trillo, *Artilugio de la nación moderna. México en las exposiciones universales, 1880-1930*, México, FCE, 1996, p.13.

[19] *Memoria de los trabajos emprendidos y llevados a cabo por la Comisión N. del Centenario de la Independencia*, pp. 3-5.

[20] *Ibid.*, p. 12.

[21] *El Imparcial*, jueves 4 de abril de 1907.

[22] *Memoria de los trabajos...*, pp. 3-5.

[23] *Idem.*

[24] *Idem.*

[25] *Ibid.*, pp. 7-8.

[26] Federico Gamboa, *op. cit.*, p. 103.

[27] *Ibid.*, p. 104.

[28] *Ibid.*, pp. 109-110.

[29] Cf. *Crónica oficial de las Fiestas del Primer Centenario de la Independencia de México.*

[30] Roberto Núñez a José Yves Limantour, México, 29 de julio de 1910. Centro de Estudios de Historia de México CARSO, Archivo José Yves Limantour, microfilm, rollo 70, Tercera Serie (1910-1919).

[31] *Crónica oficial de las Fiestas del Primer Centenario de la Independencia de México*, p. VII.

[32] Roberto Núñez a José Yves Limantour, México, 19 de octubre de 1910. Centro de Estudios de Historia de México CARSO, Archivo José Yves Limantour, microfilm, rollo 70, Tercera Serie (1910-1919).

[33] *Crónica oficial de las Fiestas del Primer Centenario de la Independencia de México*, p. 105.

[34] *El Mundo Ilustrado*, octubre de 1910.

[35] *Crónica oficial de las Fiestas del Primer Centenario de la Independencia de México*, p. 60.

[36] *Ibid.*, p. 80.

[37] *Ibid.*, p. 67.

[38] *Ibid.*, p. 87.

[39] *Ibid.*, p. 88.

[40] Brindis pronunciado por el Excelentísimo señor Marqués de Bugnano, en el banquete que ofreció al gobierno mexicano, 17 de septiembre de 1910, en *Crónica oficial de las Fiestas del Primer Centenario de la Independencia de México*, p. 30.

[41] *El Mundo Ilustrado*, México D. F., domingo 25 de septiembre de 1910.

[42] Federico Gamboa, *op. cit.*, p. 31.

[43] *Crónica oficial de las Fiestas del Primer Centenario de la Independencia de México*, p. 59.

[44] *Idem.*

[45] *Idem.*

[46] *Ibid.*, p. 68.

[47] *Ibid.*, p. 82.

[48] *Idem.*

[49] *Ibid.*, pp. 86-87.

50 *El Imparcial,* México D. F., viernes 9 de septiembre de 1910.

51 María Eugenia Ponce Alcocer, *Las fiestas del Centenario de la independencia a través de la correspondencia del general Porfirio Díaz,* México, Universidad Iberoamericana, Biblioteca Francisco Xavier Clavijero, 2009, pp. 189-190.

52 *El Imparcial,* sábado 24 de septiembre de 1910.

53 *Crónica oficial de las Fiestas del Primer Centenario de la Independencia de México,* p. 287.

54 Moisés González Navarro, *op. cit.,* p. 404.

55 *Idem.*

56 Roberto Núñez a José Yves Limantour, México, 26 de septiembre de 1910. Centro de Estudios de Historia de México CARSO, Archivo José Yves Limantour, microfilm, rollo 70, tercera serie (1910-1919).

57 *Idem.*

58 *El Imparcial,* México D. F., domingo 4 de septiembre de 1910.

59 *Crónica oficial de las Fiestas del Primer Centenario de la Independencia de México,* p. 123.

60 María Eugenia Ponce Alcocer, *op. cit.,* p. 93.

61 *El Mundo Ilustrado,* México D. F., domingo 18 de septiembre de 1910.

62 Justo Sierra *et al., México, su evolución social,* México, Ballescá y Compañía, 1901-1902, 2 vols.

63 Vicente Riva Palacio, *México a través de los siglos,* México, Cumbre, 1880, 5 vols.

64 *Memorias de los trabajos emprendidos y llevados a cabo por la Comisión N. del Centenario…,* pp. 13-14.

65 *El Imparcial,* México D. F., jueves 23 de agosto de 1910.

66 *El Imparcial,* México, D. F., domingo 4 de septiembre de 1910.

67 *Vid. infra.* p. XXXX.

68 *Crónica oficial de las Fiestas del Primer Centenario de la Independencia de México,* p. 76.

69 *Idem.*

70 *Ibid.,* p. 75.

71 *Arte y Literatura,* agosto de 1910.

72 "Reformas borbónicas" es un término inventado por los historiadores. Los agentes de Carlos III y él mismo no llamaron así a las políticas que emplearon para sujetar más firmemente los dominios trasatlánticos. Antes se pensaba que en las "reformas borbónicas" se encontraba el malestar que originó los movimientos independentistas. Sin embargo, los últimos estudios proponen que las políticas reformistas se detuvieron con la Revolución francesa, pues a los monarcas les asustó sobremanera

que las medidas absolutistas pudieran conducirlos una vez más al regicidio en otras regiones de Europa.

73 *Crónica oficial de las Fiestas del Primer Centenario de la Independencia de México*, p. 97.

74 *Ibid.*, p. 99.

75 *El Imparcial*, México D. F., julio de 1910.

76 *Idem.*

77 *Inauguración del Monumento a la Independencia erigido en la ciudad de México, 16 de septiembre de 1910*, México, Imprenta del Gobierno Federal, 1910, p. 6.

78 *Idem.*

79 *Ibid.*, p. 7.

80 *Ibid.*, p. 10.

81 Informe leído por el señor ingeniero don Antonio Rivas Mercado, en el acto de la inauguración de la Columna de la Independencia, 16 de septiembre de 1910. Cf. *Crónica oficial de las Fiestas del Primer Centenario de la Independencia de México*, "Apéndice", p. 74.

82 *Idem.*

83 *Idem.*

84 *El Mundo Ilustrado*, México D. F., octubre de 1910.

85 *Ibid.*, México D. F., domingo 24 de septiembre de 1910.

86 Discurso pronunciado por el señor don Enrique C. Creel, en la Apoteosis de los Héroes de la Independencia, 6 de octubre de 1910, Cf. *Crónica oficial de las Fiestas del Primer Centenario de la Independencia de México*, "Apéndice", pp. 82-83.

87 *Ibid.*, p. 84.

88 *Ibid.*, p. 85.

89 Discurso pronunciado por el señor presbítero don Agustín Rivera, en la apoteosis de los héroes de la Independencia, 6 de octubre de 1910, Cf: *Crónica oficial de las Fiestas del Primer Centenario de la Independencia de México*, "Apéndice", p. 88.

90 Federico Gamboa, *op. cit.*, p. 127.

91 *Crónica oficial de las Fiestas del Primer Centenario de la Independencia de México*, p. 195.

92 "Las artes plásticas en las conmemoraciones de los Centenarios de la Independencia 1910-1921", en Virginia Guedea (coord.), *Asedios a los Centenarios*, México, Azuela, UNAM, Coordinación de Humanidades/FCE, 2009, p. 130.

93 Enrique de Olivarría y Ferrari, *Reseña histórica del teatro en México (1538-1911)*, tomos V-VI, México, Porrúa, 1961, p. 3294.

94   *Ibid.*, p. 3237.

95   *Idem.*

96   *Idem.*

97   *Ibid.*, p. 3290.

98   *Ibid.*, p. 3294.

99   *Ibid.*, p. 3297.

100 *Ibid.*, p. 3300.

101 *Ibid.*, p. 3317.

102 Este nombre lo definieron los cambios políticos: nació como Teatro Santa Anna, a la caída de este régimen —en 1845— cambió su designación por la de Teatro Nacional; al regreso de Su Alteza Serenísima —en 1853— se le conoció nuevamente por su nombre original hasta la llegada de Maximiliano, cuando lo transformó en el Teatro Imperial. Al restaurarse la República —en 1867— retomó su nombre y permaneció como Teatro Nacional hasta su demolición en 1901. Fue, sin duda, el teatro de mayor actividad en el siglo XIX. No sólo era un recinto artístico sino el lugar donde se llevaban a cabo todo tipo de eventos sociales (bailes, fiestas y ceremonias), entre los que destacó el aniversario de la Independencia —en 1854— cuando se escuchó por primera vez el Himno Nacional.

103 Justo Sierra, (comp.), *Antología del Centenario. Estudio documentado de la literatura mexicana durante el primer siglo de independencia*, México, Imprenta de Manuel León Sánchez, 1910, 2 vols.

104 *El Mundo Ilustrado*, Manuel Revilla, octubre de 1910.

105 Justo Sierra (comp.), *Antología del Centenario, op. cit.*, p. 1.

106 Alfonso Reyes, "Páginas Sueltas", agosto de 1910, en *Obras completas*, tomo I, p. 282.

107 José María de la Fuente, *Hidalgo íntimo: apuntes y documentos para una biografía del benemérito cura de Dolores don Miguel Hidalgo y Costilla*, México, Secretaría de Instrucción Pública y Bellas Artes, 1910, p. 557.

108 Leopoldo Batres, *Guía para visitar los monumentos arqueológicos situados entre Mitla, Puebla y Oaxaca*, México, 1910.

109 Justo Sierra a José Yves Limantour, México, 25 de septiembre de 1908. *Cf.* Justo Sierra, "Epistolario y papeles privados" en *Obras completas del maestro Justo Sierra*, México, UNAM, 1949, t. XIV, p. 368.

110 Discurso pronunciado por el señor Licenciado don Ezequiel A. Chávez, en el acto de la inauguración de la Escuela Nacional de Altos Estudios, 18 de septiembre de 1910, Cf. *Crónica oficial de las Fiestas del Primer Centenario de la Independencia de México*, "Apéndice", p. 96.

111 Cablegrama del señor rector de la Universidad de París al señor licenciado Justo Sierra, en *ibid*, p. 103.

[112] Discurso pronunciado por el señor licenciado don Justo Sierra, en el acto de la inauguración de la Universidad Nacional de México, 22 de septiembre de 1910, en *ibid.*, p. 102.

[113] Discurso pronunciado por el señor licenciado don Justo Sierra, en la sesión inaugural del XVII Congreso Internacional de Americanistas, 8 de septiembre de 1910, en *ibid.*, p. 125.

[114] *Crónica oficial de las Fiestas del Primer Centenario de la Independencia de México*, p. 272.

[115] Enrique de Olivarría y Ferrari, *op. cit.*, p. 3242.

[116] *Idem.*

[117] *Memoria de los trabajos...*, p. 17.

[118] *Idem.*

[119] *Crónica oficial de las Fiestas del Primer Centenario de la Independencia de México*, p. 109.

[120] Javier Pérez Siller y Martha Bénard Calva, "El sueño inconcluso de Émile Bénard y su Palacio Legislativo, hoy Monumento a la Revolución", en *Artes de México*, México 2009, p. 100.

[121] *Idem.*

[122] *Ibid.*, p. 136.

[123] *Palacio de Comunicaciones*, Museo Nacional de Arte, México D. F., 2003.

[124] *Crónica oficial de las Fiestas del Primer Centenario de la Independencia de México*, p. 129.

[125] *Ibid.*, p. 130.

[126] *Idem.*

[127] *Idem.*

[128] *Idem.*

[129] *Ibid.*, p. 163.

[130] *Ibid.*, pp. 189-190.

[131] *Ibid.*, p. 307.

[132] *Memoria de los trabajos...*, p. 5.

[133] *Memoria de los trabajos...*, p. 9.

[134] Telegrama, 23 de septiembre de 1910, Puebla.

[135] Roberto Núñez a José Yves Limantour, México, 17 de septiembre de 1910. Centro de Estudios de Historia de México CARSO, Archivo José Yves Limantour, microfilm, rollo 70, Tercera Serie (1910-1919).

[136] Cablegrama enviado por el káiser Guillermo II a Porfirio Díaz, 15 de septiembre de 1910.

[137] Federico Gamboa, *op. cit.*, 1 de octubre, p. 123.

TERCERA PARTE
LA RESACA DEL CENTENARIO

1 Estudio introductorio de José Luis Martínez, en *Antología del Centenario*.
2 Federico Gamboa, *op. cit.*, p. 136.
3 *Idem.*
4 *El Mundo Ilustrado*, México D. F., domingo 25 de diciembre de 1910.
5 *Idem.*
6 *Idem.*
7 Roberto Núñez a José Yves Limantour, México, 18 de noviembre de 1910. Centro de Estudios de Historia de México CARSO, Archivo José Yves Limantour, microfilm, rollo 71, Tercera Serie (1910-1919).
8 Roberto Núñez a José Yves Limantour, México, 20 de noviembre de 1910. Centro de Estudios de Historia de México CARSO, Archivo José Yves Limantour, microfilm, rollo 71, Tercera Serie (1910-1919).
9 José Yves Limantour a Roberto Núñez, París, 21 de noviembre de 1910. Centro de Estudios de Historia de México CARSO, Archivo José Yves Limantour, microfilm, rollo 71, Tercera Serie (1910-1919).
10 Memorándum preparado para Enrique C. Creel, secretario de Relaciones Exteriores. Archivo CARSO.
11 Friedrich Katz, *De Díaz a Madero*, México, Era, 2004.
12 Francisco I. Madero, Carta a José María Pino Suárez, octubre de 1910.
13 Carta del general Mucio Martínez a Porfirio Díaz, Puebla, 18 de noviembre de 1910.
14 *Tiempo de México de octubre 1807 a noviembre de 1964.* Edición fascimilar, México, SEP, 2009.
15 Carta manuscrita de Porfirio Díaz, 28 de febrero de 1912, archivo Enrique Fernández Castelló.

EPÍLOGO
1921

1 *El Universal. El Gran Diario de México*, México, D. F., miércoles 1 de septiembre de 1921.
2 Pedro Castro, *Álvaro Obregón: fuego y cenizas de la Revolución mexicana*, México, Era, 2009, p. 190.
3 *El Universal. El Gran Diario de México*, México, miércoles 1 de septiembre de 1921.
4 *Idem.*
5 Manuel Gamio, *Guía de la ciudad prehispánica*, México, 1910.

FUENTES

PUBLICACIONES REALIZADAS SOBRE 1910 Y CON MOTIVO
DE LAS FIESTAS DEL CENTENARIO

Alonso, Enrique, *María Conesa*, pról. de Carlos Monsiváis, México, Océano, 1987.

Álvarez Noguera, Rogelio, *Enciclopedia de México*, Instituto de la Enciclopedia de México, México, 1978.

Autores varios (Recopilado por Victoriano Agüero). *Romancero de la guerra de Independencia*, México, El Tiempo, 1910, 2 vols.

Barros, Cristina y Marco Buenrostro, *Vida cotidiana. Ciudad de México 1850-1910*, México, CONACULTA, Lotería Nacional para la Asistencia Pública, UNAM, FCE, 1996.

Batres, Leopoldo, *Guía para visitar los monumentos arqueológicos situados entre Mitla, Puebla y Oaxaca*, México, 1910.

Beezley, William H., *Judas at the Jockey Club*, Nebraska, University of Nebraska Press, 1987.

Benavides Hinojosa, Artemio, *Bernardo Reyes, un liberal porfirista*, México, Editorial Castillo, 1998.

Bulnes, Francisco, *La guerra de independencia: Hidalgo, Iturbide*. México, El Diario, 1910.

Cambre, Manuel, *Gobiernos y gobernantes de Jalisco, desde la declaración de Independencia de Nueva Galicia, hasta el día*. Guadalajara, Escuela de Artes y Oficios, 1910.

Casasola, Gustavo, *Biografía ilustrada del general Porfirio Díaz*, México, Ediciones Gustavo Casasola, 1970.

Castro, Pedro, *Álvaro Obregón: fuego y cenizas de la Revolución mexicana*, México, Era, 2009.

Comité Nacional del Comercio, *Álbum oficial del primer Centenario de la Independencia de México, 1810-1910*, México, Gómez de la Puente, 1910.

Cornyn, Juan Humberto, *Díaz y México*, México, Lacaud, 1910, 2 vols.

Corona Patriótica, *Recuerdo del Primer Centenario de la proclamación de la Independencia en Ciudad del Maíz*, San Luis Potosí, Ayuntamiento de la Ciudad, 1910.

Cosío Villegas, Daniel, "El porfiriato", en *Historia Moderna de México*, México, Hermes, 1972, t. VII.

De Maria y Campos, Alfonso, *Justo Sierra. Obras completas* XVII. *Correspondencia con José Yves Limantour*, México, UNAM, 1996.

Díaz Dufoo, Carlos, *Limantour*. México, E. Gómez de la Puente, 1910.

Dumas, Claude, *Justo Sierra y el México de su tiempo 1848-1912*, México, UNAM, 1992, t. I.

Escudero, Ignacio M., *Historia militar del general Porfirio Díaz*, México, Cosmos, 1975.

Espino Barros, Eugenio, *Álbum gráfico de la República mexicana, 1910*, México, Müller, 1910.

Florescano, Enrique, *Atlas Histórico de México*, Siglo XXI, México, 1984.

Fuente, José María de la, *Hidalgo íntimo: apuntes y documentos para una biografía del benemérito cura de Dolores don Miguel Hidalgo y Costilla*, México, Secretaría de Instrucción Pública y Bellas Artes, 1910.

Gamboa, Federico, *La llaga*, México, Eusebio Gómez de la Puente, 1910.

García, Genaro, *Crónica oficial de las Fiestas del Primer Centenario de la Independencia de México*, México, Talleres del Museo Nacional, 1911.

García, Genaro, (dir.), *Documentos históricos mexicanos. Obra conmemorativa del Centenario de la Independencia de México*, México, Museo Nacional de Arqueología, Historia y Etnología, 1910, 7 vols.

García, Genaro (comp.), *El general Paredes y Arrillaga: su gobierno en Jalisco, sus movimientos revolucionarios, sus relaciones con el general Santa Anna, etc., según su propio archivo*, México, Vda. de Ch. Bouret, 1910.

García, Genaro (comp.), *La intervención francesa en México; según el archivo de Mariscal Bazaine*, México, C. Bouret, 1910.

García, Genaro (comp.), *Los gobiernos de Álvarez y Comonfort según el archivo del general Doblado*, México, C. Bouret, 1910.

Garner, Paul, *Porfirio Díaz, del héroe al dictador*, México, Planeta, 2003.

Godoy, José Francisco, *Porfirio Díaz, presidente de México, el fundador de una gran república*, México, Müller, 1910.

González Garza, Federico, *Memorial presentado a la Cámara de Diputados, pidiendo la nulidad de las elecciones*, México, Comité Ejecutivo Electoral Antirreeleccionista, 1910.

González Navarro, Moisés, "La vida social", en Daniel Cosío Villegas, *Historia moderna de México, El Porfiriato,* México, Hermes, 1957, t. X.

González Obregón, Luis, *The Nacional Library of Mexico, Historical Essay,* México, 1910.

Guedea, Virginia (coord.), *Asedios a los centenarios (1910 y 1921),* México, UNAM, Coordinación de Humanidades/FCE, 2009.

Iglesias Calderón, Fernando, *Rectificaciones históricas a un libro del ex ministro de la guerra general Bernardo Reyes,* México, A. Carranza, 1910.

Iglesias Calderón, Fernando, *Un libro del ex ministro de la guerra, general Bernardo Reyes,* México, A. Carranza, 1910.

Inauguración del Monumento a la Independencia erigido en la ciudad de México, 16 de septiembre de 1910, México, Imprenta del Gobierno Federal, 1910.

Katz, Friedrich, *De Díaz a Madero,* México, Era, 2004.

Krauze, Enrique, *Biografía del poder, 1: Porfirio Díaz, místico de la autoridad, y Francisco I. Madero, místico de la libertad.* México, FCE, 1987.

Krauze Enrique, *Caudillos de la Revolución mexicana,* México, Tusquets, 1997.

Krauze Enrique, *La presidencia imperial: ascenso y caída del sistema político mexicano (1940-1996),* México, Tusquets, 1997.

La independencia de México, México, Secretaría de Relaciones Exteriores, 1910.

Leduc, Alberto, *Diccionario de geografía, historia y biografía mexicanas,* México, Librería de la Vda. de C. Bouret, 1910.

Lempérière, Annick, "Los dos centenarios de la independencia mexicana (1910-1921): de la historia patria a la antropología cultural", en *Historia Mexicana,* vol. XLV, núm. 2, 1995, pp. 317-352.

Madero, Francisco I., *La sucesión presidencial en 1910,* pról. de Moisés González Navarro, México, Offset, 1985.

Medina Peña, Luis, *Invención del sistema político mexicano,* México, FCE, 2004.

Memoria de los trabajos emprendidos y llevados a cabo por la Comisión Nacional del Centenario de la Independencia designada por el presidente de la República el 1 de abril de 1907, México, Imprenta del Gobierno Federal, 1910.

México en cien reportajes 1891-1990, México, Grupo Azabache, 1990.

Meyer, Lorenzo, *Las raíces del nacionalismo petrolero en México,* México, Océano, 2009.

Miranda y Marrón, Manuel, *Vida y escritos del héroe insurgente licenciado don Andrés Quintana Roo,* México, Imprenta y fototipia de la Secretaría de Fomento, 1910.

Molina Enríquez, Andrés, *Los grandes problemas nacionales*, México, Imprenta de A. Carranza e Hijos, 1909.

Moreno Soto, Rubén, "La bibliografía que generó el Primer Centenario del Grito de Dolores", en *Gaceta* CEHIPO *Nuestra Historia*, México, septiembre-diciembre de 2002, tomo V, segunda época, núm. 53/54, pp. 38-45.

Mussachio, Humberto, *Diccionario Enciclopédico de México*, 3 vols., México Programa Educativo-Visual, México, 1990.

Nuevo León: reseña geográfica y estadística, México, París, Librería de la Vda. de C. Bouret, 1910.

Olavarría y Ferrari de, Enrique, *Reseña histórica del teatro en México (1538-1911)*, t. V-VI, México, Porrúa, 1961.

Olvera Ayes, David A., *Honores extranjeros en México*, México, Publidisa Mexicana, 2007, p. 501.

Palacio de Comunicaciones, Museo Nacional de Arte, México, 2003.

Peñafiel, Antonio, *División municipal de la República mexicana*, México, Imprenta y fototipia de la Secretaría de Fomento, 1910.

Pérez Siller, Javier y Martha Bénard Calva, "El sueño inconcluso de Émile Bénard y su Palacio Legislativo, hoy Monumento a la Revolución", *Artes de México*, México, 2009.

Ponce Alcocer, María Eugenia, *Las fiestas del Centenario de la independencia a través de la correspondencia del general Porfirio Díaz*, México, Universidad Iberoamericana, Biblioteca Francisco Xavier Clavijero, 2009.

Programa Oficial de las Fiestas del Centenario de la Consumación de la Independencia de México. Septiembre de 1921, México, La Helvetia, 1921.

Raat, William D., *El positivismo durante el porfiriato (1876-1910)*, México, SepSetentas, 1975.

Reyes, Rodolfo, *The Mining Laws of Mexico, Containing a Translation of the Mining Law and Regulations and the Mining Tax Law and Regulations*, México, American Book and Printing, 1910.

Rivera, Agustín, *Discurso pronunciado en el Palacio Nacional de la capital de México en la apoteosis de los héroes de la Independencia de México ante los despojos mortales de ellos el día 30 de septiembre de 1910, una de las fiestas del Centenario*, México, M. León Sánchez, 1910.

Serrano Migallón, Fernando, *El grito de Independencia. Historia de una pasión nacional*, pról. de Andrés Henestrosa, México, Porrúa, Col. "Sepan Cuantos..." 653, 1988.

Sierra, Justo (comp.), *Antología del Centenario*, México, Imprenta de Manuel León Sánchez, 1910, 2 vols.

Sierra, Justo, *et al.*, *Evolución política del pueblo mexicano*, pról. de Abelardo Villegas, Caracas, Fundación Biblioteca Ayacucho, 1977.

Tenorio Trillo, Mauricio, *Artilugio de la nación moderna. México en las exposiciones universales, 1880-1930*, México, FCE, 1996.

Tiempo de México de octubre de 1807 a noviembre de 1964, Edición facsimilar, México, SEP, 2009.

Torre Villar, Ernesto de la, "La economía y el porfirismo" en *Historia de México*, México, Salvat, 1978, t. X.

Vasconcelos, José, *Don Evaristo Madero. Biografía de un Patricio*, México, Impresiones Modernas, 1958.

Velasco, Alfonso Luis, *Porfirio Díaz y su Gabinete*, México, E. Dublán y Cía. Editores, 1889, pp. 205.

MEMORIAS

Creel, Enrique C., *Memorias 1909-1931*, pról. Enrique Krauze, México, [s.p.i], [s.a.].

Gamboa, Federico, *Mi diario V (1909-1911). Muchos de mi vida y algo de la de otros*, México, Consejo Nacional para la Cultura y las Artes, 1995.

Limantour, José Yves, *Apuntes sobre mi vida pública 1892-1911*, México, Porrúa, 1965.

Reyes, Alfonso, *Obras completas*, México, FCE, 1955.

Sodi de Pallares, María, *Demetrio Sodi y su tiempo*, pról. de Eduardo Vasconcelos, México, Construcción, 1947.

HEMEROGRAFÍA

Arte y Letras

El Antirreeleccionista

El Hijo del Ahuizote

El Imparcial

El Mundo Ilustrado

El País

El Universal. El Gran Diario de México

México Nuevo

Semana Ilustrada

OBRAS IMPRESCINDIBLES DE CONSULTA

García, Genaro, *Crónica oficial de las Fiestas del Primer Centenario de la Independencia de México*, México, Condumex, 1991.

Memoria de los trabajos emprendidos y llevados a cabo por la Comisión N. Del Centenario de la Independencia designada por el presidente de la República el 1 de abril de 1907, México, Imprenta del Gobierno Federal, 1910.

ARCHIVOS

Archivo Enrique C. Creel.

Archivo Enrique Fernández Castelló.

Centro de Estudios de Historia de México CARSO, Archivo José Yves Limantour.

Rollo 63, 2da. serie.

Rollo 70, 71 tercera serie (1910-1919).

ICONOGRAFÍA

Sistema Nacional de Fototecas / Instituto Nacional de Antropología e Historia
Imágenes: 2-6, 8, 11, 14-17, 23-25, 34, 37-40, 45, 49-53, 55, 59-61, 65, 67, 70, 74-75, 77-79, 81, 87-89, 96, 98, 100-101, 104-105, 108-114, 116-117, 119, 123-125, 128-131, 133-134, 136-140, 142-143, 145-146, 148-149, 152-154, 161-162, 165, 167.

Museo Nacional de Historia / Instituto Nacional de Antropología e Historia
Imágenes: 43-44, 62, 68, 120.

Archivo General de la Nación
Imágenes: 42 (*Espectáculo aéreo en Balbuena*), 163 (*El Plan de San Luis que convocaba a la rebelión en contra del régimen de Porfirio Díaz*).

Colección Mexicana de Tarjetas Postales Antiguas de la Universidad Autónoma de Ciudad Juárez
Imágenes: 12-13, 20-21, 80, 126, 144, 155, 166.

Genaro García Photograph Collection, Benson Latin American Collection, University Libraries, University of Texas en Austin (UTxA)
Imágenes: 7, 97, 150-151.

Biblioteca del Congreso de Washington
Imágenes: 1, 22, 26-33, 36, 41, 46-48, 54, 63-64, 71-73, 76, 135, 164.

Fondo reservado. Hemeroteca de la UNAM
Imágenes: 56-58.

Reprografías del libro original: *Crónica oficial de las Fiestas del Primer Centenario de la Independencia de México*
Imágenes: 82-86, 107, 147.

Litografía libre de derechos
Imagen 69. Litografía de Casimiro Castro.

Imágenes proporcionadas por Gina Rodríguez
9-10.

Imágenes proporcionadas por el autor
18-19, 66, 90-95, 99, 102-103, 106, 115, 118, 121-122, 127, 132, 141, 156-160.

ÍNDICE ONOMÁSTICO

El Último Brindis de Don Porfirio

se terminó de imprimir en Marzo de 2012
en los talleres de Impresora Tauro S.A. de C.V.
Plutarco Elias Calles No. 396 Col. Los Reyes Iztacalco
Delg. Iztacalco C.P. 08620. Tel: 55 90 02 55